中公新書 2773

宇野重規著
聞き手 若林 恵

実験の民主主義

トクヴィルの思想からデジタル、ファンダムへ

中央公論新社刊

はじめに

宇野重規

「新しい時代には、新しい政治学が必要である」。このように書いたのは、一九世紀フランスの政治思想家アレクシ・ド・トクヴィル（一八〇五－五九）である。若きフランス人貴族であったトクヴィルは、アメリカ各地を旅するなかで、のちに『アメリカのデモクラシー』（第一巻一八三五年、第二巻一八四〇年）としてまとめられる新しい政治学の構想を育んでいった。

トクヴィルの目に映ったのは、「民主主義の実験場」としてのアメリカである。フランスでも古い貴族の家系に属するトクヴィルは、アメリカで新たな平等化の趨勢《すうせい》を目《ま》の当たりにしながら、やがて民主主義のダイナミズムを、その矛盾とともに受け入れる覚悟を決めていった。

民主主義とは、単に政治制度や政治理念を指すだけではない。社会を根底からくつがえし、

トクヴィル

すべてを作り替えていく巨大な大変動である。民主主義はあらゆる人々——日々生活に追われる庶民、自らの欲望に駆られて没落していく上層階級、つねに休むことなく突き進む新興の産業人、旧体制にこだわり古い伝統の追憶に生きる人々——を飲み込み、その考え方や生き方を変えていく。

それなのに政治学が古いままであっていいのだろうか。人と人との関係のあり方から、集団と集団のトラブルの処理方法、社会的課題の解決策、そして戦争や暴力のコントロールまで、人間は政治を免《まぬが》れて生きることはできない。そうであるならば、「新しい時代」にはそれにふさわしい「新しい政治学」がなければならない。いまこそ、自分はそれに着手するのだ。

このような若きフランス人貴族の心の高ぶりと自負に言及するのは、何も昔話をしたいからではない。トクヴィルの民主主義に対する期待と不安、信頼と懸念は、現代を生きる私たちに対しても示唆するものがあるのではないかという思いから、本書は出発する。

トクヴィルは決して、民主主義を欠陥のない理想的な仕組みと考えていたわけではなかった。その判断がつねに「正しい」とも思っていなかった。当たり前である。彼の家族はフランス革命によって傷を負い、むしろブルボン朝の旧体制への復帰を希《こいねが》う反動勢力に属していたからである。そのような家族に生まれたトクヴィルは、民主主義への期待よりは不安を、信頼よりは懸念を、あたかも赤ん坊が息を吸うように吸収して育った。生まれながらに民主主義への懐疑心を持っていたと言ってもいいだろう。

にもかかわらずトクヴィルはアメリカへと旅立ち、現地での経験を踏まえて、「それでも民主主義は前に進む。そうであるならば、民主主義をより良いものにしていくしかない」という決意を持つに至った。その思いの丈《たけ》を『アメリカのデモクラシー』という著作に込めたトクヴィルのメッセージを、二一世紀の今日において、あらためて受け止め直したい。

現代世界において、民主主義はあたかも「終わった」かのように語られる。目立つのは民主主義の原則をいとも簡単に踏みにじるポピュリスト指導者たちと、それを熱狂的に応援する支持者たちである。また、名ばかりの選挙を口実に、あるいはそれさえ抜きに権力を行使する権威主義国の独裁者たちである。かろうじて民主主義を維持している国々においても、国内における世論の分断は拡大するばかりで、危機を乗り越えるための合意にはほど遠い。どこを見ても、民主主義は「死んだ」、「壊れた」、「奪われた」、「失われた」、そして「操られている」と言わざるをえない。

そこに世界的な新型コロナウイルスの感染拡大と、ロシアによるウクライナ侵攻が加わり、どこまで民主主義が後退していくのか、いまだに「下げ止まり」すら見えていないというのが実情であろう。ChatGPT に象徴されるような人工知能（ＡＩ）技術の発展についても、それが民主主義にとっての福音になるのか、あるいは危機をもたらすのか、いまだに結論が出ない。

そのような時代にあって、民主主義をあえてより良いものへとバージョンアップしていこうとする取り組みは、ドン・キホーテ的であると言えるかもしれない。

＊

それなのに『実験の民主主義』と題する本書を上梓《じょうし》することになったのは、きっかけがある。編集者であり、ジャーナリストである若林恵氏との出会いである。若林さんは月刊『太陽』編集部などの経験を経て、『WIRED』日本版の編集長をつとめたことでも知られる。現在は黒鳥社を拠点にその活躍の場を広げている。

私が若林さんの存在を意識するようになったのは、いつ頃だったたか。若林さんを中心にまとめられた『ＧＤＸ――行政府における理念と実践』（行政情報システム研究所）を読んだときの衝撃は忘れられない。ＧＤＸ、すなわち Government Digital Transformation について二〇二一年に発行された小冊子は、イギリス、デンマーク、オーストラリア、タイなどでの調査を踏まえ、行政府におけるデジタル・トランスフォーメーションについて先駆的に紹介する著作であった。二〇一九年に出された『次世代ガバメント――小さくて大きい政府のつくり方』（黒鳥社／日経BP）についても共感を持って読んでいたが、このGDXについての本は、テクノロジーの視点と、市民の政治参加や行政変革の視点をつなぎ合わせる画期的な本であると思った。

　この小冊子が無料配布されるということで、虎ノ門にある黒鳥社にまで取りに行ったことをよく覚えている（現在でも、行政情報システム研究所のウェブサイトからダウンロード可能である）。直接お話しする機会も増え、私が理事をつとめるシンクタンクNIRA総合研究機構の「デジタル化時代の地域力」や「DAOの世界を牽引《けんいん》する先駆者の期待と懸念」に登場していただく一方、当時病気療養中だった坂本《さかもと》龍一《りゅういち》（一九五二―二〇二三）さんに代わって若林さんがゲストナビゲーターをつとめられたラジオ番組「RADIO SAKAMOTO」（J-WAVE）に出演することにもなった。何より、若林さんが私の『民主主義のつくり方』（筑摩選書、二〇一三年）を読み、とくにそのプラグマティズム（実用・実験主義）の理念に共感してくださっていると知った。本書の企画は、その流れで生まれたものである。

　読んでいただければわかるように、本書の冒頭で若林さんは実に巧みに私のトクヴィルの話を引き出してくださっている。そして話が進むにつれて、若林さんが詳しいデジタル技術はもちろん、ゲームやファンダム（後述）の世界へとテーマが広がる。さらに本書の全体の構成を考え、編集してくださったのも若林さんである。その意味で、若林さんは決して単なるインタビュアーではなく、むしろ対談者であり、共著者である。結果として、私としても、これまでの議論とは異なる新しい地平へと進み出ることができたと思っている。

＊

本書は私がこれまで民主主義を論じるにあたって、つねにインスピレーションの源であったトクヴィル（『トクヴィル――平等と不平等の理論家』二〇〇七年、現在は講談社学術文庫）とプラグマティズム（『民主主義のつくり方』）をつなぎ合わせるだけでなく、「行政府」というものに対し、かなり踏み込んで検討する著作である。

私たちが民主主義を論じるにあたって、どうしても関心が向かうのは選挙であり、議会であり、政党である。しかしながら、本書ではフランスの政治学者ピエール・ロザンヴァロン（一九四八－　）の『良き統治――大統領制化する民主主義』（みすず書房、二〇二〇年）を導きに、あえて行政権、あるいは執行権における民主主義の可能性について踏み込んで論じている。行政府とは何か、公務員とはいかなる存在か、さらには現代的な「プラットフォームとしての行政府」とはいかなるものかについての考察こそ、本書の大きな特色であろう。

もう一つの特色は、トクヴィルがアメリカで重視した「アソシエーション」についてである。伝統的な社会のしがらみから解放された個人は、結果として他者との結びつきを失って孤独になりやすい。そのような傾向をトクヴィルは「個人主義」という概念から分析したが、その彼が対策として提示したのが、人々の自発的結社「アソシエーション」である。アメリカの地域社会では、普通の市民が相互に協力し合いながら、地域の諸課題を解決している。その手段となっているのが地方自治の習慣と、人々の「アソシエーション」であった。

では、はたして「アソシエーション」の現代版として何が期待できるのか。通常であれば、各種のNGOやNPOが注目されるところであるが、本書では意外なことに「ファンダム」、すなわちアイドルやアニメ、スポーツ、音楽やゲームをめぐるファン集団に着目する。さらにはそこに伝統的な政党に代わる人々の組織化の可能性すら見出す。突飛と思われるかもしれないが、すでに現実のポピュリスト指導者はこのようなファンダムを十全に活用している。民主主義の実験はこの潮流のただなかにある。

最終的には、等身大の私たち――相互に依存しながら、それでも自分らしくありたいと願っている私たち、あるいは日々誰かと、あるいは一人で食事をとりながら、映像上の人物に心動かされる私たち――から出発し、そのような私たちが民主主義の変革を担う新たな市民となることが本書のテーマとなる。このような企て、すなわち、「新しい時代には、新しい政治学が必要である」というトクヴィルの企てがうまくいっているかは、読者に判断していただくしかない。もし、本書がきっかけになって、自分も「実験の民主主義」に加わりたいと思う方が生まれるなら、著者としてこれに優る喜びはない。

最後に、私と若林恵さんを結びつけ、本書を実現させた「第三の仲間」である中公新書編集部の胡逸高さんにも感謝したい。

目次

実験の民主主義

トクヴィルの思想から、デジタル、ファンダムへ

第1章 「平等化」の趨勢

――「新しい時代には、新しい政治学が必要である」。本書『実験の民主主義』の「はじめに」に、トクヴィルの印象的な言葉が引用されています。宇野さんはご著書の『トクヴィル――平等と不平等の理論家』のなかで、トクヴィルは、新しく生まれたアメリカという国に新たな民主主義の社会が生まれる兆しを見出し、それがやがて世界的な趨勢であると確信したと説明されています。まずはその真意がどこにあったのかといったところから、お伺いできたらと思います。

はい、そうですね。アレクシ・ド・トクヴィルは一九世紀のフランスの貴族です。一八三一年にアメリカを旅行し、いままさに発展しようとしていた民主主義が、これからの世界の政治、経済、文化、そして人々の暮らしや内面を、どのように形づくっていくことになるのか、その先行きを見通そうとしました。彼はアメリカで民主主義がゼロから作られていくさまを目の当たりにしたわけですが、それはまさに、私たちが現在、デジタルテクノロジーの進展にともない、民主主義のあり方をゼロから論じているのと、重なり合うものとして見ることができるのではないかと思います。

——トクヴィルが当時アメリカを虚心坦懐《きょしんたんかい》に見つめたように、私たちもデジタル化していく社会をいま一度見つめ直して、そこにある不可逆的な趨勢を見てとれないか、ということですね。

トクヴィルは「平等化」という概念を手がかりに、一九世紀の世界を覆うことになる趨勢を読み解こうとしました。現代社会では、デジタル化の趨勢を指して「民主化democratization」という言葉がよく使われますが、私たちが生きている新しい環境は、トクヴィルが見たアメリカとどこか似ているところがありそうです。

本書では、民主主義という概念を真ん中におきながら、これまでの民主主義の議論がどこまで有効で、どこにおいて変更やアップデートを余儀なくされるのかということを、まずはトクヴィル、さらにはプラグマティズムの考え方などを検討しながら、考えていきたいと思います。

「新しい政治学」の種を見つけることができればと思っていますが、挑戦的な試みですので、どこまでたどり着けるのかはやってみないとわかりません。トクヴィルは『アメリカのデモクラシー』のなかで、「もはや過去は未来を照らし出さず、精神は暗闇《くらやみ》のなかを歩んでいる」

と書いています。見えない未来を少しずつ手探りしていきたいですね。

――本書のあとのほうで触れることにもなるかとは思いますが、まさに哲学者の鶴見俊輔《つるみしゅんすけ》（一九二二―二〇一五）さんがアメリカのプラグマティズムを説明する際に使われた「マチガイ主義」――間違ってもいいので、まずはやってみる――の精神で進めていけたらと思っています。

よろしくお願いします。

トクヴィルのアメリカ旅行

――まずお伺いしたいのは、そもそもなぜ、トクヴィルはアメリカへ旅行、調査に出かけたのかという点です。

最初に基本的なことを確認しておきますと、アレクシ・ド・トクヴィルは一八〇五年生まれの一九世紀の人です。『アメリカのデモクラシー』第一巻を出版したのが一八三五年、その四年前の一八三一年にアメリカを旅行しています。トクヴィルがアメリカを見たのは、まだ二五、六歳の頃でした。

古い貴族の家の出身ですから、当然、彼が生まれる一五年ほど前に始まったフランス革命によって、その家族は傷つくわけですね。おりしも当時、一八三〇年に七月革命があり、彼自身もこれによって非常に苦しむことになります。フランス社会の行方がわからないと迷っていた時期に、アメリカに行けば何か違うものが見えるのではないかという気持ちで旅立ちます。違う価値観を求めて「外」へと向かうのです。

――いわば「自分探し」ですね。

トクヴィルというと、いまでは大思想家みたいに語られますが、当時はまだ二〇代後半の若者でした。しかも、最初に就職した裁判所で人間関係がうまくいかずに行き詰まってしまいます。七月王政ではオルレアン朝のルイ・フィリップ（一七七三―一八五〇）が即位しましたが、トクヴィル家はフランス革命で倒れたブルボン朝を支持する「ユルトラ（超王党派）」と呼ばれる反動勢力に属していました。「お前、ユルトラの家の息子だろ」と職場でなじられ、家に帰ると「ブルボン朝支持のわが家の子息が、なぜ新しくできた七月王政に忠誠を誓うのか」と責められ、家でも職場でも生きづらくなって、逃げるようにしてアメリカに渡りました。そして、そこで何かを見つけられると期待しました。

実際、トクヴィルはアメリカで「これからの世界」を見たわけです。「アメリカで、自分はアメリカ以上のものを見た」と、彼はそのときに受けた衝撃をのちに記します。つまり、トクヴィルはアメリカに行ってアメリカを見たままに書いたのではなく、時代のダイナミズムを察知し、これから世界的にやってくるであろう大きな趨勢をそこに読み込んだのです。

それを現在に引きつけていうと、私たちがいま直面しているデジタル社会というものが、トクヴィルにとっての「アメリカ」にあたるのではないか、あるいはそれと似たところがあるのではないか。このフレームは、対話を深めていく上で適宜参照したいと思います。
それでは、トクヴィルは一九世紀初頭のアメリカに、いったいどのような趨勢を見たのでしょうか。それは、アメリカとは「民主主義の実験場」であるということでした。

――実験場。

彼は『アメリカのデモクラシー』の冒頭で「égalité des conditions（equality of conditions）」と書いています。これをどのように訳すかは難しいところですが、とりあえず「諸条件の平等」としておきます（岩波文庫版では「境遇の平等」）。

――諸条件の平等。

ええ、アメリカでまず見つけたのは、「平等化」の趨勢でした。これが彼の言う「民主主義」の本質でした。なぜこれが大発見だったかというと、トクヴィルは「平等化」こそが、ヨーロッパ、さらに人類の未来だと確信したからです。
平等化というと、フランス革命によって突然起きたように思われがちですが、トクヴィルはそうではないと考えていました。平等化の趨勢は、むしろ地殻変動のようにヨーロッパで、約五〇〇年間にわたって起きていたのではないか。長く続いた王政がフランス革命で急に倒れたように見えるけれども、実際には王や貴族、民衆の関係は、実は長い時間をかけてすでに変わっていたのではないか。そうトクヴィルは問うわけです。
——どういうことでしょう。

銃、印刷、郵便

トクヴィルは、「平等化」を促したものとして、キリスト教のプロテスタンティズム、銃、あるいは印刷、郵便といったものを挙げています。火器を例にとってお話ししますと、それまでの戦闘は、貴族出身の戦士や騎士が、武勇や武技、あるいは勇気を競うものだったわけです。

ところが、銃というものができてしまうと、貴族個々人の勇気や力量はもはや問題ではなくなります。端的に言えば、どれだけの数の銃を揃《そろ》えることができるか、それらを扱う人々がどれだけ訓練されているかで勝負がついてしまう。貴族出身の将校が軍の中心をつとめていたのが、戦闘の形式が変わっていくことで、貴族の存在意義がなくなるわけです。

火器のみならず、印刷術や郵便といった新しい伝達手段も重要でした。それらが平民の家庭にも知や情報をもたらしたからです。これらの変化が、ヨーロッパの古い王政を少しずつ足元から切り崩していった。その趨勢が、フランス革命で一気に加速したとはいえ、遡《さかのぼ》ればずっと前から準備されていたというのが、若きトクヴィルの洞察です。

――いま聞くと、ある意味当たり前の議論のように聞こえますが、当時、そのようにヨーロッパの歴史を見た人は、トクヴィル以外にいたのでしょうか。あるいは先行して、似たようなことを語っていた人とか。

平等化を歴史の趨勢と考えた人はほかにもいましたが、それをテクノロジーなどの変化と結びつけて捉《とら》えた視点は、トクヴィルのオリジナルだったと思います。

――慧眼ですね。

先にお話しした通り、トクヴィルには人生の悩みがありました。家は伝統的な貴族で、しかも超がつく保守派です。父親も兄弟もみな反動派という、貴族の牙城《がじょう》のような家庭でした。フランス革命で処刑された親戚もいて、トクヴィルの両親もあやうくギロチンにかけられるところでした。ですから、家族は反革命一色。そのような家庭に育ちましたので、トクヴィル自身、急進化した革命が最後は恐怖政治に陥ってしまったことに対する懸念がありました。

とはいえ、実は父の書斎にはヴォルテール（一六九四－一七七八）ら啓蒙《けいもう》思想家の本もあったとされています。トクヴィルの家族は、革命前はむしろ進歩派に近い立場でした。幼いトクヴィルは、父が隠し持っていた、それらの本を読んでしまいます。そして、もはや貴族の時代は終わりを迎え、むしろ社会は「平等化」へと向かって進んでいるのではないか、その変化は不可逆ではないかと薄々感じるようになっていきます。けれども、アメリカに行くまでは、いま一つ確信を持てずにいたのです。
――復古でもなく、急進でもない。その間で板挟みになったなか、時代の針路を確かめにアメリカに向かった、と。

はい。ただ、トクヴィルが当時のアメリカをどれだけ正確に描写したのか、実は微妙なところもあります。トクヴィルはアメリカ社会を正確に把握した「観察者」だという見方もありますが、私はむしろ、トクヴィルが描いたアメリカは、一種の「思考実験」だったと感じます。逆にそういうものとして読んだときにこそ、トクヴィルをいま読む価値は高まります。

さて、「平等化」の趨勢がヨーロッパでずっと前から起きているという仮説を胸にトクヴィルは、アメリカに向かいました。アメリカには王がいませんし、貴族制も持ち込まれていない。それどころか、出身国や社会的出自がまったく違う人たちが移住してできた国です。こういう場所でなら、平等化という趨勢のプラスの面とマイナスの面が、はっきりと見てとれるかもしれない。ヨーロッパでは革命が起きるなど、新しい社会と旧《ふる》い社会の衝突による混乱が大きくなっています。これに対し、アメリカは最初から平等の国なので、平等化の自然な発展を見出せるのではないか。そのような仮説の検証作業を、アメリカ滞在中にやってみたわけです。

つまりアメリカとは、ヨーロッパの未来を見通すための格好の実験場であるとトクヴィルは考えたのです。「アメリカでアメリカ以上のものを見た」という言葉の真意もそこにあるはずです。貴族である自分の悩みを持ってアメリカに行ったところ、まさにヨーロッパや人類の未来をそこに発見した。その驚きを込めて書いたのが、『アメリカのデモクラシー』でした。

「未来はすでにここにある」

――「平等化」の趨勢をめぐって、先ほど火器のお話が出ました。織田信長《おだのぶなが》が武田勝頼《たけだかつより》を破った長篠《ながしの》の戦い(一五七五年)を思い浮かべた方も多いのではないかと思います。トクヴィルにならえば、それも一つの「平等化」の趨勢と見ることができるわけですね。

社会が変わっていく上で、戦争の影響はやはり大きいわけです。トクヴィルが注目したのは、イギリスの薔薇《ばら》戦争(一四五五～八五年)でした。この戦争で貴族同士が覇権を目指して戦った結果、両方が疲弊してしまい、共倒れになってしまう。結果として貴族が没落していきます。とはいえ、当事者たちも決して貴族制を倒すために戦ったわけではない。自分の欲望を追求しただけです。「平等化」の趨勢は、民衆が平等を求めて勝ち取ったわけではなく、むしろ貴族などの特権者たちが相互につぶし合いをしているうちに実現してしまったとも言えます。

――墓穴を掘ったと。

このあたりは、トクヴィルの歴史観のなかでも非常に面白いところです。そうやって貴族たちが自滅した結果、「棚から牡丹餅《ぼたもち》」的にその恩恵を受け取ったのが、その後に絶対化していく王権と、一般の庶民だったと彼は見るわけです。

先にもお話しした通り、トクヴィルは名門貴族の出身です。自分の先達にあたるモンテスキュー(一六八九―一七五五)の考えにならって、王権が絶対化するよりも、貴族が王権を牽制《けんせい》するような分権的な統治が良いという価値観を強く持っていました。同時に、長い目で見ると貴族は不可避的に没落していくであろうという見通しもありました。

トクヴィルが独特なのは、そうした「平等化」の趨勢は、決して本人たちの意志や善意、みんなを平等化したいといったキリスト教的な信念から生じるのではないと明言しているところです。みんなが自分の欲望に従って行動するうちに、気づいたら平等化が進み、後戻りできなくなっている。歴史のダイナミズムをそのように捉えたのです。

――その感覚はとてもよくわかります。私がかつて編集長をつとめた『WIRED』というデジタルテクノロジーを中心に扱うメディアの標語は、「未来はすでにここにある(future is already here)」というものでした。これはサイバーパンクの生みの親として知られるSF小説家、ウィリアム・ギブソン(一九四八―)の言葉ですが、「未来はこうなる」「こうあるべきだ」

といくら騒いでも、それが実現するときには、誰かの意志や計画とは関係ないところで実現されてしまうという主旨だと私は理解しています。

具体的に言うと、どういうことでしょう。

——これはあくまでもテクノロジーの話ですが、例えば「テレビ電話」はおそらく随分昔から構想されてきたものですが、そのアイデアは、いまやＺｏｏｍをはじめとするアプリの普及ですっかり当たり前のものになっています。ただ、テレビとも電話とも違うシステムのなかで実現してしまったので、誰もそれを「テレビ電話」だとは気づきません。

誰かがかつて意志を持って思い描いた「未来」は、それが当たり前になるときには、それがかつて語られた未来だとは気づきもしないのは歴史というものの面白さだと思います。あるいは、「メタバース」という概念の生みの親であるＳＦ作家のニール・スティーブンソン（一九五九－）は、自分が一九九二年にメタバースを思い描いたとき、それがテレビの延長線上に生まれてくるものだと想定していたけれど、その見通しは間違っていたと、のちに語っています。

テレビの延長線上ではないとすると、どこから生まれることになるのでしょう。

——ビデオゲームの延長だとスティーブンソンは語っています。そう言われてみると、「メタバース」の概念がここ数年で一気に一般化する前から、オンラインゲームの世界には「セカンドライフ」を筆頭に「マインクラフト」や「フォートナイト」といったプロト・メタバースとも呼ぶべきものが先行して存在していました。そこに「メタバース」というものの萌芽《ほうが》があるということは長いこと見落とされていたのですね。社会全体が違うあさっての方向を見ているうちに、気づかないところで「未来」は育っているというわけです。

そう考えると、トクヴィルが銃や印刷、郵便といったものに見たのは、まさに「すでにここにある未来」だったのかもしれません。

民主化

――デジタルテクノロジーがもたらす「趨勢」を語るキーワードに、「民主化 democratization」という言葉があります。そこではグーテンベルク（一三九七―一四六八）による印刷術の発明が「民主化」の起源として語られたりします。これはいうまでもなく「メディアはメッセージである」とうたったマーシャル・マクルーハン（一九一一―一八〇）によって広まった見方ですが、トクヴィルの視点にも通じ合うところがありそうです。

印刷術の発明は、民衆が「情報」へ直接的にアクセスすることを可能にしました。なかでも一六世紀の宗教改革に、印刷術がきわめて大きな役割を果たしたことはよく知られています。印刷によって、安価に聖書を大量印刷することができるようになり、しかもそれがラテン語ではなく世俗の言葉に翻訳されることで、「聖書を読む」という行為が「平等化」されることになりました。

それ以前の活字情報は、修道院や貴族の家庭といった特権的な場所でしか流通していませんでした。印刷と、さらには郵便という制度が発達していくことでコミュニケーションのコストが安価になり、より多くの人に向けて情報が開かれていくことになります。それ以前は、本の複写は手書きだったわけですから、大量生産することができませんし、流通も限定的でした。コンピュータの歴史もおそらく同じですよね。

――かつては政府か軍、もしくは大企業しか保有することのできなかったコンピュータが、パーソナルコンピュータの登場によって「民主化」された、という筋書によく似ています。

そうやって個人がパーソナルコンピュータとインターネットにアクセスできるようになったことで、誰もが情報を送受信することができるようになったのとパラレルな状況を、トクヴィルは印刷と郵便に見ていたわけです。「平等化」の観点から世の中を見回してみると、一見社会は変わっていないように思えても、情報の生産・流通の形態の変化が確固たる「権威」を根底から揺るがしていることに、トクヴィルは気づいたのです。それは逆に言えば、それまでの権威や特権は、特定の人々だけが文字を読めて、他の人々が読めないことで保たれていたことに気づくことでもあります。

――みんなが文字を読めないから、読める人が権威だった、と。

神父さんが「聖書にはこういうことが書いてある」と権威を持って語ることができたのも、多くの人が聖書に直接アクセスできなかったからです。みんなが聖書を読めるようになると、「神父さんが言ってることとって本当？」という疑問も生まれてきます。さらに、それまで「知の権威」とされていた人々が、単に情報へのアクセス権を特権的に行使できただけだったことも明らかになる。そうなると、次第に権威というものが成立しづらくなります。と同時に、どれが意味ある情報で、どれがそうでないのかを判別することも難しくなります。

――パソコンとインターネットの普及によって、まさに同じことが起きました。あらゆる個人が発信することができるようになることで、特権的に発信を許されていた「ゲートキーパー」の存在が相対化されてしまい、情報の重みづけが失われてしまいました。

こうした「平等化」は、一面ではとてもいいことなのですが、同時にマイナス面もあるという点はデジタル化とも通じます。ただ、そのマイナス面をいくら論じたところで、その趨勢を止めることができるのかというと、止まらないだろうとトクヴィルは見るわけです。

平等化の良い面と悪い面

――「平等化」の良い面・悪い面を、トクヴィルは具体的に論じているのでしょうか。

アメリカ独立の立役者として、ベンジャミン・フランクリン（一七〇六－九〇）という人がいますよね。

――政治家でありながら、雷雨のなか凧《たこ》を揚げて、雷が電気であることを証明した気象学者でもあった。

ベンジャミン・フランクリン、雷の電気実験
1752年

はい。あの人が実は印刷屋さんだったということはご存知ですか？

――初めて聞きました。

フランクリンは決して裕福な育ちではありませんでしたので、一二歳のときから兄について働き、印刷技術を身につけたといいます。印刷業は当時のハイテク産業で、植字工は先進的な職業でしたから、いまでいうシステムエンジニアのような存在です。彼はやがてその技術をもって独立し、自ら印刷屋を経営し、教訓が書かれたカレンダーを作って大ヒットを飛ばしてお金持ちになります。

――面白いです。

フランクリンは自分自身が活字や情報にとにかく飢えていた人ですから、一生懸命勉強して、読書会を開催したり、新聞のようなものを作ったりして、そこからアメリカ独立期の文化的リーダーのような存在となります。そして、やがて政治的にも大きな影響力を持つようになっていきます。

フランクリンは大統領にこそなりませんでしたが、初期の歴代大統領の誰もが信頼する有力者でした。独立期のアメリカを代表する人物が印刷メディアの出身だというのは、いかにも象徴的です。新興産業のなかから、アメリカの建国を支えた知的・政治的エリートが生まれ出たわけですから。

――IT産業から国のリーダーが生まれるようなものですね。

トクヴィルがアメリカを旅した一八三一年には、建国の父たちはすでに退場していなくなっており、唯一残っていたのは、第二代大統領のジョン・アダムズ（一七三五―一八二六）の息子で、第六代大統領をつとめたジョン・クインシー・アダムズ（一七六七―一八四八）くらいでした。アダムズ家は、のちのケネディ家やブッシュ家と同じ政治家の名門、アメリカ型の「王朝＝ダイナスティ」の走りと言えそうです。そのジョン・クインシー・アダムズを破って大統領の座についたのが、教養がないとされた、中西部出身の叩《たた》き上げのアンドリュー・ジャクソン（一七六七－一八四五）という人でした。このジャクソンは、ちょっとドナルド・トランプ（一九四六－）と似たところがある面白い人物です。

ジャクソンは東部のエスタブリッシュメントにあえて対抗することで、当時の中西部の貧しい農民層たちの圧倒的な支持を受けて当選しました。乱暴な言動もトランプを思わせるところがあります。ネイティブアメリカンから土地を奪い、彼らを西部に追いやり、居留地に押し込めるという残酷な政策を実行した人物でもあり、歴史的に見ると決して評判の良い大統領ではありません。彼は、当時の中西部の開拓者たちの土地への欲望と、知的で気取った東部エスタブリッシュメントへの反感を煽《あお》って、大統領にのし上がりました。トクヴィルが旅したのは、まさにそのジャクソン時代のアメリカでした。

アンドリュー・ジャクソン

トクヴィルが見たのがフランクリン時代のアメリカであれば、あるいは知的エリートによる新しい共和国としてアメリカを描いたかもしれません。しかしながら、トクヴィルが訪問したのは、ジャクソン時代のアメリカでした。それは「平等化」の趨勢が、知や権威に対する反発に転じ、啓蒙が反啓蒙をもたらした時期です。しかしながら、トクヴィルはそれも「平等化」の現れなのだという醒《さ》めた目で見ていました。

「平等化」は、それまで従属させられていた人々の心に火をつけ、それまでアメリカを支配していた知的・政治的エスタブリッシュメント階級を揺るがしていく。それはときに暴力的にもなる。トクヴィルは、その様子をありありと観察したのです。「平等化」がもたらす巨大な社会の変容の両義性に立ち会ったと言えます。

――トランプがTwitter（現・X）を政治化して、あれよあれよという間に大統領にまでなった結果、政治が大混乱に陥ったのとそっくりですが、トクヴィルは、そうした状況を目の当たりにしながらも、それを否定はしなかったわけですね。

トクヴィルは訪問した先々で、さまざまな人にインタビューをしていました。先ほど名前を挙げたジョン・クインシー・アダムズのところなどにも行って、「フランスから若い貴族が来た」と歓迎されます。ただ、トクヴィルが偉かったのは、ニューヨークやワシントン、ボストンといった東部の都会だけでなく、それ以外の周辺地域を回ったことです。ボストン郊外のタウンシップと呼ばれる自治組織を観察したり、ミシシッピ川をずっとくだって、西部から南部の開拓地を走破したりします。

そのようにして西部や南部の貧しい農民たちの様子を知り、彼ら、彼女らが生きている社会の雰囲気を知っていくなかで、ジャクソン時代の否定的な側面も含め、その総体こそがデモクラシーの力、平等化の力であり、社会の推進力だということを確信していきます。

——良し悪しを超えた「趨勢」である、と。

とはいえトクヴィルが見たアメリカが、どれほど正確なものであったかはしばしば議論の的になります。よくある批判は、トクヴィルは東部エスタブリッシュメントの教養ある世界だけを見たというものです。日本のアメリカ研究もある時期までは、ピルグリム・ファーザーズ（最初期に移住した清教徒たち）など、比較的教養のある人々についてのトクヴィルの観察に注目してきました。けれども、私は、トクヴィルはもう少し複眼的だったと見ています。

——と言いますと？

アメリカ自治組織

建国初期のアメリカを支配したエスタブリッシュメント層が崩れて、中西部から出てきたジャクソンがのし上がってくるのを目の当たりにしたトクヴィルは、良い面・悪い面両方を含めて平等化、デモクラシーの趨勢なのだと理解したのだと思います。

知識や教養のある人が平準化されていくことで、当然知的エスタブリッシュメントの権威は落ちていきます。それはよく言えば知識が広く行き渡るということですが、悪く言えば、高い教養や科学的な知見があるとはいえない人たちでものを言うようになり、物事の真偽や重みづけがわからなくなるということでもあります。

みんなが、それなりに情報を得て、ものを言うようになっていく。異議申し立てもする。それが進めば進むほど、世の中は混乱しますが、その一方でダイナミックにもなっていきます。

彼がボストン郊外を訪ね、そこでタウンシップという自治組織を観察するのは、こうした文脈においてです。そして観察の結果、彼は結論として、人々は知識を持ちよく考えている、地域の課題にも関心があり、他人事《ひとごと》ではなく我が事として捉えていると感心しています。特別な知識人はいないかもしれないけれど、みんながそこそこ知識を持っていて、社会の課題を自分の問題として議論する層が存在する。「これはいいじゃないか」と思うわけです。

ヨーロッパのように、都市の一部の知識ある人々だけが政治を考えるのではなく、地域に暮らす普通の人々が自分たちの地域の問題を自ら解決するという習慣を持っているならば、民主主義は決して無責任や暴力には陥らない。むしろ、秩序を草の根から作っていくことができるのではないかとトクヴィルは考えました。上からエリートが大衆を引っ張り上げるのではなく、下から知性の裾野《すその》を広げていくことで、秩序ある社会を作ることができる、と。北東部のニューイングランドのタウンシップで、トクヴィルはこのようなストーリーを組み上げたのだと思います。そのストーリーこそが『アメリカのデモクラシー』を支えています。

もちろんトクヴィルは、ジャクソンを大統領に押し上げたような、今日的に言えば、ポピュリズムの巨大な力も認識していました。それを踏まえた上で、彼はニューイングランドのタウンシップのモデルを擁護して「これがアメリカのいいところなんだ」と言ったのだと私は思います。

そこには、ヨーロッパの人々に対して何を語るべきかという、トクヴィルなりの戦略的な意図もあったでしょうし、先ほどお話ししたように、そもそもが「自分探し」の旅でもありましたから、やはり希望を語りたかったのかもしれません。

——平等化がもたらす自由と、それがもたらす混乱。そこにいかに安定と秩序をもたらすのか。デモクラシーをめぐる根源的な問いですね。

まさにトクヴィルは、「平等化と秩序は、こうやったら両立するよ」というストーリーを描いたわけですが、とはいえ、当然そこで捨象されてしまったものもたくさんあります。とりわけ、いわゆる「ヒルビリー」と呼ばれる、知識や教養から遠いところに置かれてしまっ

アメリカ・ロングアイランドの風景　18世紀初頭

た、南部や中西部の貧しい層については、ほとんど触れていません。

――自分が見たかった絵図だけを描いた、と批判される所以《ゆえん》ですね。

先にもお話ししたように、トクヴィルは、正確なアメリカを描くというより、自分の思考実験のためにアメリカを題材にしたようなところがあります。平等化にはプラスもマイナスもあるけれど、突き詰めていくと、やはり最終的にはプラスのほうが大きいという結論に持っていきたかったのだと思います。それが彼の主張したいことでもありましたから。

ただ、そうはいっても、トクヴィルは知的に誠実なところがあって、不都合であってもアメリカで見たものを正確に書いている箇所もたくさんあります。例えば、『アメリカのデモクラシー』の最後のほうで、ネイティブアメリカンや黒人奴隷の話を延々と書いています。これはある意味で、勇気のいることでした。というのも、せっかく平等化が重要だと書いたあとに、「実はその平等化に反するものすごい差別がアメリカにあり、これがやがて内乱を引き起こしかねない」と、卓袱台《ちゃぶだい》をひっくり返してしまうわけですから。論旨の一貫性を反故《ほご》にしかねないアメリカの現実を包み隠さず書いてしまうあたり、非常にトクヴィルらしいと思います。

「人類は平等に向かっている」という結論に持っていきたい。そういうストーリーにしたいと思いながらも、そこからはみ出してしまうものを見過ごすこともできない。そうした矛盾を、私はむしろ思想家の誠実さとして高く評価しています。だからこそ、トクヴィルの著作は人類全体の未来図を描く上での古典としていまなお生き続けているのだと思います。

マルクスの階級闘争

――平等化は不可避の趨勢だと言いながらも、現実には大きな不平等が存在している。この矛盾をトクヴィルはどのように考えていたのでしょうか。

トクヴィルが語る「平等化」には、実は当時からかなり批判がありました。トクヴィルがアメリカを旅したのは一八三一年で、『アメリカのデモクラシー』が本として刊行されたのは一八三五年です。トクヴィルとカール・マルクス（一八一八－八三）は実は同時代人で、年齢は一三歳しか違いません。

一八四八年にフランスで二月革命が起きたとき、二人はともにパリにいて、革命の模様をそれぞれルポルタージュしています。トクヴィルは二月革命の回想記を書いていますし、マルクスの『ルイ・ボナパルトのブリュメール18日』が有名です。暴動が起きているパリの街中を、トクヴィルとマルクスはともに歩き回っていたことになりますから、もしかしたら、どこかの街角ですれ違っていたかもしれません。ちなみに一八四八年は、マルクスとフリードリヒ・エンゲルス（一八二〇－九五）の共著『共産党宣言』が刊行された年でもあります。

つまり、マルクスがすでに「いまはむしろ階級闘争の時代であって、これからは階級と階級の対立が激化して、革命へと向かう」と唱えていたのと同時期に、トクヴィルは「平等化」を語っていたことになります。ですから、トクヴィルは、のちに左派から厳しい批判に晒《さら》されることとなります。

——いかにも間が悪い。

そうなんです。こうした経緯から、トクヴィルの著作は刊行当初は高く評価されたものの、その後、まったく読まれなくなってしまいます。長らく冷遇された背景には、マルクス主義の興隆がありました。「階級闘争」が論じられる時代にあって「人類は平等化に向かっている」とするトクヴィルの主張はいかにもブルジョワ的に響いたわけです。

マルクス

しかしながら、これは私の長年の主張ですが、そうした批判に対してトクヴィルは内心こう考えていたのではないかと思っています。「階級対立がなくなるとか、経済的な格差がなくなるとは自分も考えていない。ただ、人と人とは、生まれながらに違いがあるのが当然だという社会には決して戻らない」と。つまり、人は「自分は他の人と平等なはずだ」といったん思うようになると、そこからもはや後戻りができないということです。

——後戻りしないという確信は、どこから来るのでしょうか。

カズオ・イシグロの小説に『日の名残り』（一九八九年）という作品がありますよね。

——ブッカー賞を受けた彼の代表作で、アンソニー・ホプキンズ（一九三七－）の主演で映画化もされました。

『日の名残り』の主人公は、貴族出の名家に仕えてきた執事です。召使いではあっても、ものすごく誇りが高い。位の高い人に仕えている自分に誇りを持ち、かつ、自分が仕えている相手は自分とは明らかに違う種類の人間だと思っています。明白な差別があるにもかかわらず、そのことをおかしいとは決して思いませんし、むしろそうした階級差があることで、仕えている自分の誇りや矜持《きょうじ》が保たれています。

トクヴィルが問題にしたのは、まさにこのことでした。かつて身分制によって人が隔てられていた社会では、誰も「人はみな同じだ」とは思わない。だからこそ、貴族に奉仕していても、それは屈従や隷属を意味しませんでした。

——「違う」が当たり前だと、「違い」は気にならない。

ところが、その執事がいったん「あれ、この人は自分と同じ人間ではないか。なぜそんな人の言いなりにならなければならないのか」と思い始めてしまうと、もはやそれまでのように奉仕することはできなくなってしまいます。なぜ自分が主人に仕えなければならないのか、考えてしまうからです。

――「同じ」が当たり前になると、むしろ「違い」が気になる、と。

トクヴィルが語る「平等化」は、まさにそうした作用のことを指しています。つまり、同じ人間だということにあるときに気づいてしまうと、後戻りができなくなってしまうわけです。かつてもっと大きな格差があった頃には誰も文句を言わなかったのに、人間の平等の観念が広まっていくと、過去と比べて格差が相対的に縮んでいたとしても、その小さな格差がむしろ耐えがたくなる。「同じ人間なのに、なんで違うんだ。その違いを正当化する根拠は何だ？」となるわけです。

――たしかに。

現代の「正義」をめぐる議論も、基本的にこの流れにあります。そこでは個々人をめぐる境遇の違いのうち、どこまでが個人の責任の範疇《はんちゅう》で、どこからがそうでないのかが問題とされます。どこまでが許容できる「違い」で、どこからが許せない「違い」なのか。「みんな同じ」と思い始めると、小さな違いでもいちいち気になり、イライラしてしまう。かつてと比べれば、「違い」は相対化されていたとしても、むしろその小さな違いに敏感になってしまうわけです。

いったん「平等化」の概念が頭のなかに入ってしまうと、「あの人は特別な人だから、特権を持っていても当然だ」とは二度と思えなくなってしまいます。その意味で、平等化の趨勢は不可逆です。「平等化」したからといって、みんなが平和に幸せに暮らせるようになるわけではない。ただ少なくとも「違う人間だから差別があってもしょうがない」とは誰も思わなくなる。この変化だけは絶対に元には戻らない。トクヴィルはそう考えていたのだと思います。

――そうした不可逆の変化を、宇野さんは「想像力の変容」という言葉で説明されました。

人と人の「違い」が可視化されず、それが意識にものぼらない時代が長くありました。ところが、いまや「あの人たちと自分のどこが違うのだ、なんであの人たちばかりがお金や権力を持っているのだ。ずるいではないか」と世界中の人が思うようになっています。トクヴィルの言う「平等化をめぐる想像力」の革命は、いまも世界的に進行していますし、さらに加速しているとさえ言えるのかもしれません。

――デジタルテクノロジーがもたらしたコミュニケーションのグローバル化は、それをさらに加速させています。

いままで想像すらできず、自分とは違う種類の人だろうと思っていた人たちが、急に可視化されてコミュニケーション可能になると、いいこともあれば、摩擦や対立が生じるきっかけにもなります。このメカニズムをトクヴィルは発見し、それを「平等化」と呼んだのです。ですから、マルクスとはちょっと違う次元で平等化の問題を捉えていたのだと思います。トクヴィルからすると、マルクスが語った「階級闘争の激化」は、まさに平等化の趨勢によるものだったのかもしれません。

――トクヴィルの言う「平等化」のなかには、価値判断は含まれていないということですよね。良いも悪いもなく、ただそういうもんだ、と。

そうですね。「趨勢」とここまで言ってきたものを、トクヴィルは「摂理 Providence」と呼んでいます。ここには「神の摂理」という宗教的なニュアンスが含まれていますが、私はどちらかというと、構造的で不可逆的な変化という意味で理解しています。正しいかどうかの価値判断は抜きにして、後戻りできない不可逆の趨勢。そういう強い言葉として、トクヴィルは「摂理」を使ったのだと思います。

想像力の変容

――デジタルテクノロジーの文脈では、パソコン、インターネットから、スマホ、ソーシャルメディア、ブロックチェーンなど、新しい技術やサービスが出てくるたびに「民主化」という

言葉で、それらの可能性が語られてきました。民主化の明るい兆しは、めっきり見られなくなってしまいましたが。

英語でいう「democratize」ですね。見かけるたびに「トクヴィルっぽい物言いだな」と思っていました。

――はい。ただ、この言葉には誤解を生むところがありまして、「テクノロジーの民主化」が、うっかりすると「民主主義化」と混同されてしまうことがこれまで多々あったように感じます。ソーシャルメディアが声なき民衆に意見表明をするツールを授けたという意味での「道具の民主化」が、そのまま「民主主義の実現」と同義であるように語られた「アラブの春」がいい例です。道具の民主化は、他方でテロリストや過激派と呼ばれる人たちにも同時に声を授けるものですから、「道具の民主化」が必ずしも民主主義に与《くみ》するとは限りません。いまでこそ、そのことを誰しもが痛感しているとは思いますが。

そのあたりは、トクヴィルにも責任があります。トクヴィルは「平等化」という言葉と「民主主義」という言葉を、かなり近い、互換性のある言葉として使っています。さらに彼は、先ほど申し上げたように、「民主主義には色々と問題があるけれど、全体としては良いものだ」と主張しました。さまざまなものが平等化していくことで、最後は民主主義が実現していく。そしてそれはいいことだ。このようなストーリーは、いかにもトクヴィル的です。

ただ、いまにして見ると、実際はもっと微妙でニュアンスに富んでいるはずのトクヴィルの言説自体が、時代を経るなかで、このストーリーのなかに回収され、単純化されてしまったきらいがあります。

トクヴィル自身が語った「民主化」とは、郵便や印刷によって相対的に平等に情報にアクセスできるようになるといった、客観的な変化のことを指していると私は解釈しています。

さらに言えば、トクヴィルの「民主化」は、社会構造だけでなく、それによって人々の認識や想像力にもたらされる不可逆的な変化のことを指してもいます。彼は、情報に対する平等なアクセスそれ自体がいいことだとか、それがただちに安定的な民主体制を生み出すとは考えていませんでした。

――宇野さんが『トクヴィル』のなかで指摘されていたように、トクヴィルが、技術や社会構造の変化がいかに人々の認識や想像力に変化をもたらすかに注目したことは、いまこそあらためて大きくクローズアップされてほしいところです。身分制が当たり前の世界と、そうでない世界とでは、人々の想像力は大きく異なります。

同じように、インターネットが当たり前となった私たちの想像力は、それがなかった時代の想像力とは異なります。ソーシャルメディアやYouTubeで政治というものに触れる若者たちの政治的なイマジネーションは、当然テレビと新聞を通して触れてきた世代のそれとは大きく異なるはずです。冒頭で語られた「新しい時代」の「新しい政治学」は、そうした想像力の変化を見極めるところから始まるように感じます。

デカルト的になる

はっきりしていることは、トクヴィルが平等化を語る場合、想像力の変化が人々をどんどん突き動かしていくと強調していることです。彼は、かつての貴族の夫人は、着替えをするときに召使いの前で裸になっても全然恥ずかしくなかったという例を挙げています。貴族にとって召使いや民衆は、同じ人間とはそもそもみなされていなかったからです。ところが、平等化が進むにつれて、よかれあしかれお互いを同じ人間とみなすようになると、恥ずかしさが芽生えてきます。

——宇野さんは『トクヴィル』のなかで、想像力の変化を端的に表したものとして、スタンダール（一七八三—一八四二）の『赤と黒』、フローベール（一八二一—一八八〇）の『ボヴァリー夫人』を取り上げています。

スタンダールの『赤と黒』は一八三〇年の刊行ですから、トクヴィルがアメリカを訪れた時期とほぼ同じです。フローベールの『ボヴァリー夫人』は、トクヴィルが亡くなる二年前の一八五七年に出版されています。

――『赤と黒』の主人公のジュリアン・ソレルは、まさにトクヴィルと同年代です。また、宇野さんは『赤と黒』の主人公は実はジュリアン・ソレルその人ではなく、時代の空気そのものだとも書かれています。

スタンダールが書いた、貧しい青年ジュリアン・ソレルの成り上がりと破滅の物語は、皇帝ナポレオン（一七六九―一八二一）の記憶がくすぶる王政復古期の空気を色濃く反映したものでした。この時代を動かしたのは、誰もが生まれ育った環境を脱して、「いまの自分とは違う自分になることができる」という想像力でした。現実には社会体制としての身分制はなかなか壊れません。それでも、想像力のなかにおいては、なりたい自分になれるという夢に一度感染してしまうと後戻りできなくなってしまう。その意味で、ソレルの強烈な上昇志向は、単に彼自身の個性ではなく、時代の新しい想像力によってもたらされたもので、現実と想像力との間で苦しみもがいている当時のたくさんの若者のさまを表しているのだと思います。

『ボヴァリー夫人』も同じように、想像力の変容がもたらした悲劇です。田舎医者の夫人が上流階級の社交界に行った結果、「同じ人間なのに、あの人たちはあんな素敵な生活をしているのに、なぜ私にはこんなつまらない生活しかないのか」と気づいてしまう。そして、そのイラつきから精神が不安定になってしまいます。

自分は違う人間になれる、という想像力をいったん持ってしまうと、その思いに人は苛《さいな》まれ、激しく揺さぶられます。「なぜ私は違う自分になれないのか。何がそれを邪魔しているのか。それとも自分が悪いのか」。こうした苦悶《くもん》は、他者に対しての嫉妬《しっと》や攻撃につながる一方、それが内向すれば絶望や自己否定ともなります。平等をめぐる想像力は、それが一度目覚めてしまうと、危険なものになります。それが苦しみをもたらすものでもあるというのは、平等をめぐる重要なパラドクスです。

また、一九世紀に起きた「想像力の変容」を、スタンダールやフローベールが小説という形式を通して表現しえたことの背景には、「読書体験」が時代の想像力を駆動する装置として大きな役割を果たしたことがあります。

トクヴィル自身がそのことに触れているのですが、そもそも印刷術に大きな意義を見ていたことからもわかる通り、彼は「メディア」にも強い関心を寄せていました。トクヴィルは、メディア論の文脈でも、もっと重要な位置を占めていてもいいと個人的には思います。というのも、『アメリカのデモクラシー』でも、第一巻はアメリカという国を説明することに終始していますが、同書の第二巻では、平等な社会において、人間の精神や生活スタイルがどうように変わっていくかを思考実験的に描いています。そのなかで彼は、「読書体験」について触れ、人々がどのように本を読むようになるのかを考えます。

──どう読むようになるのでしょう。

一人ひとりがそれぞれ黙読をするようになると、想像力のあり方も内向化していきます。印刷された本を読む体験は、自分の内面でものを考える習慣をもたらします。そこから、自分で考えること、自分で判断することができるはずだという観念が定着していき、それが「自分ですべてのことを判断したい」という欲求につながっていきます。言うなれば、みんながちょっとした「我思うゆえに我あり」のデカルト(一五九六―一六五〇)になっていく。読書によってみんなデカルト主義者になる、とトクヴィルは書いています。

──つまり、一人ひとりの読者の内なる煩悶《はんもん》が、ジュリアン・ソレルやボヴァリー夫人の煩悶と重なり合うわけですね。本というメディアがもたらす体験が、作品の内容と一体となって人々の想像力をある方向に向けて駆動する。まさにメディア論ですね。

さらに、トクヴィルは、平等な社会では芸術がどう受容されるかといったことや、主人と召使い、教師と学生などの関係が、どのように変わっていくかといったことまで論じていきます。これは立派なメディア論だと思います。あまり言及されないトクヴィルの一側面です。

小説→映画→ゲーム

──一九世紀は「小説の世紀」と呼ばれるように、新たな表現・伝達形式として「小説」というものが勃興《ぼっこう》し、発展した時代でもありました。トクヴィルは小説については触れていませんか。

トクヴィルのメディア論は、多様な話題を次々と扱っていくので、小説を詳細には分析していませんが、伝統的な社会においては詩が流行したけれど、それが小説に変わったという話はしています。

――物語を記述する形式が詩から散文に変わり、そこから生まれた小説が人々の想像力の扉を開いた。これは逆に言えば、「ボヴァリー夫人」ことエマ・ボヴァリーの内面や苦悩は、小説の形式でこそ描きえたということでもあるかと思います。新しいメディア・テクノロジーが社会に浸透するにあたっては、必ずそれに見合ったコンテンツの形式や様式が求められますが、一九世紀が本と小説の時代だったとすると、これからの時代を規定するメディア・テクノロジーとそのコンテンツの形式はどんなものになるのか、トクヴィルにならって思考実験をしてみたくなります。

デジタルがもたらす、さらなる「民主化」が時代の趨勢であるなら、私たちを規定するメディアは何になるのか、ということですね。

――数年前にあるトークイベントで、デイヴィッド・オライリー（一九八五― ）というアイルランド出身の天才的なゲームクリエイターとお話ししたことがあります。彼は「一九世紀は小説の時代、二〇世紀は映画の時代だった。二一世紀はゲームの時代だと思う」と言っていて、「なるほど」と思わされました。

面白い。

——私自身はほとんどゲームというものに触れずにきた人間で、本当はそれを語るにはふさわしくないのですが、先ほどメタバースの話でも触れた通り、「ゲーム」が私たちが生きる時代の想像力を駆動する、一つの強力なドライバーになるだろうという見立てには納得します。とりわけ、大勢のプレイヤーが一堂に会して楽しむオンラインゲームにおける双方向的な協働性は、かつてないような社会的想像力をもたらすものかもしれません。これについてはあとで触れることになるかと思いますが。

インターネットがもたらす双方向性、協働性といったこととも後々関わりが出てくる話として言いますと、実はトクヴィルは、「個人主義」という言葉を一般化した人でもあります。

——そうなんですか。

「個人主義」という言葉は、当時まだできたてホヤホヤの言葉で、トクヴィルが最初に使ったわけではないのですが、非常に面白い使い方をしています。彼は個人主義という言葉を、個人の「自立性」や「主体性」といった意味では使っていません。むしろ、他人との関係が希薄化し、自分の世界にだんだん閉じこもっていくことを個人主義と呼んだのです。

――エゴイズムに近いニュアンスでしょうか。

トクヴィルによれば、「エゴイズム」は自分の利益を他人より優先する非常に強い情念ですが、「個人主義」は、もっと穏やかで受動的な感情です。伝統的な身分などの関係が緩むことで、気づくと他人との関係がだんだん薄くなっていき、自分の世界に閉じ込められていく。そのなかで自己が完結するイメージを描き出しています。

――平等化や民主化がもたらす世界は、必ずしも活気に満ちた世界ではない、と。

自分の世界に閉じこもっていても満足できないので、外の世界がどうなっているのか、いつもドキドキしながら眺めているのですが、外に出ようとはしない。現代の「引きこもり」に近いイメージかもしれません。彼がそういった人に実際にアメリカで会ったのかどうかは定かではありませんが、おそらく彼は思考実験のなかでそういう個人の姿にたどり着いたわけです。

――二〇〇年近く経って、ますますリアリティが増しているのがすごいです。

個人主義の孤独

メディア体験が人々の自己意識とか、個人と個人との関係を変えていく。最終的には人々の政治行動や経済活動を変え、政治・社会・経済の骨格まで変えていく。そうしたことを含めてデモクラシーを論じないといけないというのがトクヴィルの慧眼です。

個人主義を論じるにあたって、他人と縁が切れて、自分と自分に近い人たちの狭い世界に閉じ込められるというだけなら、同じように考えた人もいたと思います。トクヴィルが面白いのは、そうは言いつつも、個人はそれで満足して自足するかというと、どうしても満足できなくて、「外では何してるんだろう。何が流行《はや》ってるんだろう」とすごくドキドキしてしまう心情まで書いているところです。

――ソーシャルメディアを通じて「自分が取り残されている」という感覚が昂《こう》じていく心理を英語で「FOMO（Fear of Missing Out）」と言いますが、まさにそれですね。

個人主義は決して自己完結しないし「自分の世界」で満足することもできない。自分の世界に閉じこもりたいと思う一方で、何かそれでは物足りなくて、イライラする。むしろ外が気になってしまう。デモクラシーには二つの相反する力が作用するメカニズムがあると見たところが、トクヴィルの鋭さでした。

また、トクヴィルは、平等化の趨勢のなかで、教育のあり方も変わっていくとしています。それまでの教育は過去から伝わる「規範」を身につけるものでしたが、平等化の趨勢は、そうではなく、むしろ「自分で考える」ことを促していくものになると語っています。「自分の頭で考えて判断することが重要である」といった方向に「学び」のモデルも変わっていく。

しかもその変化は、先ほど語ったメディアの変化と、それがもたらす個人の自己意識の変化とも連動していたはずです。トクヴィルの独特の思考は、彼自身が、思考のあり方の変容をメタ的な視点から見ていたことに由来するのかもしれません。

最後に個人主義の不安に話を戻せば、しがらみが嫌だからと新天地を求めて渡ったアメリカで、平等化の趨勢のなか人々が自由になっていくと、かつては鬱陶《うっとう》しいものとしか思えなかった伝統的な結びつきが失われ、その結果、人々は孤立し、孤独になり、不安定になっていきます。こうしたことは、当時のアメリカで、実際にすでに起きていたのではないかと思います。

――「孤独」と「メンタルヘルス」は、現在では、もはや地球規模の社会課題です。

個人と社会との関係を論じた名著とされるデイヴィッド・リースマン(一九〇九―二〇〇二)の『孤独な群衆』(一九五〇年)でも、トクヴィルはよく引用されます。そこで語られた「ロンリー・クラウド」の原型をトクヴィルはおそらくアメリカで見たのでしょう。それを彼一流の想像力で、これは決して些細《ささい》な話ではなく、民主主義の根幹を揺るがす大きな問題になると読み取ったわけです。アメリカを舞台とするトクヴィルの「思考実験」が、現代にまで届く射程を持っていることは、このことからもおわかりいただけるかと思います。

「マインクラフト」の3D世界

第2章　ポストマンと結社

親愛なる郵便局員

――前章の最後で、リースマンの『孤独な群衆』の話が出ましたが、群衆のなかの孤独というテーマはアメリカ黎明《れいめい》期を代表する詩人のウォルト・ホイットマン（一八一九―九二）の作品から、すでに色濃く現れていた印象があります。「街中で出会った見知らぬあなたをなぜ兄弟と呼ぶことができないのか」といった内容の詩があったと記憶しますが、同じような詩句を二〇世紀の詩人リチャード・ブローティガン（一九三五―八四）の詩のなかにも見つけて、この孤独や寂寞《せきばく》がアメリカの原風景なのだな、と感じたことがあります。

ホイットマンの描いたアメリカは、ちょっと時期は前後しますが、トクヴィルが見たアメリカと重なる部分がありますね。トクヴィルが「郵便」を、平等化を駆動する原動力として見ていたことは先にも述べましたが、面白いのはホイットマンの世界でも、郵便配達員＝ポストマンはとても重要な意味を担っているところです。

――たしかにそうですね。そう言われてみると「ポストマン」は、イラストレーターのノーマン・ロックウェル（一八九四―一九七八）からポップスデュオのカーペンターズにいたるまで、「幸福なアメリカ」を象徴する存在として、アメリカ近現代史に通底しているように見えます。

ちなみにアメリカという国は、国家が成立したときから「中央政府」の存在がきわめて弱く、連邦政府が本格的に整備されたのも二〇世紀になってからです。

――随分遅いですね。

つまり、一九世紀のアメリカには、そもそも国家を束ねる組織が貧弱でしたから、「強い国家」は存在しようがありませんでした。連邦政府といっても、形ばかりのものがあるだけで、職員の数も少なければ、権限も小さい。

――そんななかで、国という概念を意識するのは難しいですね。

それでは州政府が強いかというと、アメリカの州は日本の全土よりも面積の広いところがたくさんあります。当時の交通手段や通信技術からすると、そんなに広大な空間をなかなか管理できません。となると、実質的なガバナンスはさらに下のレベルで行われることになります。アメリカには「カウンティ（郡）」という単位がありますが、これでもまだ大きすぎ

タウンシップの集会所に向かう巡礼者　木版画

るくらいで、実効的な行政の単位は、トクヴィルが言うところの「タウンシップ」における自治にありました。

第1章で見たように、トクヴィルは、アメリカのニューイングランドに暮らしている人たちが「タウン（町）」を基盤に、病院や学校や道路を全部自分たちで作っていることに注目しました。これを現代に置き換えると、NPOの活動で行政の仕事をカバーしているようなイメージです。

連邦や州の行政がいつかやってくれることを待たずに、自分たちで「これって必要だよね。それでは、自分たちで作ろうか」と、みんなで少しずつお金を集めて実現していきます。

——市民参加型の自治ですね。

現在よく耳にする「地域の社会的課題を住民自ら解決するモデル」の原型のように見えますね。トクヴィルが見たアメリカには、そもそもあてにするほどの政府がありませんので、自分たちでやるしかなかったわけです。それをトクヴィルが地方分権のモデルとして理想化していくわけですが、その際彼の念頭にあったのは祖国であるフランスとの対比です。

フランスにはかつて絶対王政があり、「強い国家」の存在が前提としてありました。だからこそトクヴィルの先輩であるモンテスキューは、いかに貴族の力を温存して、王権の暴走を防ぐかを一生懸命論じたわけです。さらに、フランス革命によって王政は倒されますが、トクヴィルは、その結果、首都パリの力や中央集権的な政府の力は、むしろ強くなってしまったと見ていました。

――革命の結果、一極集中が強まった。

フランスでは、各県の知事の官選制が二〇世紀後半まで続きました。つまり、知事が中央から派遣されるという制度です。絶対王政の下、元々中央集権的だった国のあり方が、革命を通じてさらに加速してしまったわけです。民主化したにもかかわらず、国家の力は弱くなるどころか、むしろ強まった。だからフランスでは、強い中央政府をいかに抑制するかという議論が、統治の問題の中心に置かれてきました。

逆にトクヴィルが訪れたアメリカには、フランスのような「強い中心」は存在せず、行政権もきわめて影が薄い。フランスにあった制約や条件がない空間を目の当たりにすることで、トクヴィルの想像力が羽ばたいたんですね。

トクヴィルが晩年に書いた『アンシァン・レジームと革命』（一八五六年、未完）は、こうした観点から読むと、非常に面白い本です。ここで彼は、同じ封建制から出発したイギリスとフランスとドイツの三国が、どのような分岐をたどったのかを比較します。ほぼ出発点が同じだったにもかかわらず、イギリスは、王権や貴族院が残るなど、制度の見かけは古臭いけれど、実際は近代化が進んだ。ドイツは分権が強く、なかなか統一への動きが進まない。フランスはたしかに変化したけれど、革命という劇的な出来事を必要とした。この違いはどこから来たのかを説明することを彼は試みます。

一方のアメリカでは、フランスのように強い国家や行政権がなくても自分たちで秩序を作ることができている。トクヴィルが「地方分権はいい」と言うことができたのも、アメリカという特権的な観察場所があったからなんです。

郵便＝インターネット

――いまのお話を伺うと、強い国家もなく行政機構も貧弱なアメリカであればこそ、ポストマンという存在に特別な愛着が生まれたのかもしれないとも思えます。文化人類学者のデヴィッド・グレーバー（一九六一－二〇二〇）は『官僚制のユートピア』（二〇一五年）のなかで、一時アメリカの公務員の七割は郵便局員だったと書いています。そうだとすると、ただでさえ「国家」をイメージすることができないアメリカにおいて、郵便局員だけが「国」を感じさせてくれるよすがだったのかもしれません。

ガバメントの象徴としてのポストマンということですね。それはその通りかもしれません。当時の公務員をヨーロッパで考えたら、最初に思い浮かぶのはまず軍人です。とくにフランスのような陸軍国では軍人の数がとても多い。国家権力と軍は、フランスでは必ずセットです。

アメリカで軍人と言うとまず思い浮かぶのがジョージ・ワシントン（一七三二－一七九九）ですが、軍人といっても現役を引退して地主として暮らしていた人物が、いざというときには銃を持ってイギリス軍と戦うという民兵のイメージが根強くあります。フランスのように非常に強力な常備軍があって、それが国家権力を象徴しているのとは大違いです。加えて、中央政府における官僚制度のイメージもないに等しい。

ですから、アメリカは中央銀行を作ることもできませんでした。現在では代わりに連邦準備銀行（Federal Reserve Bank）がありますが、これも、建国期に中央銀行を作ろうとしたのが、話がまとまらず潰《つい》えた結果です。お金を握っている中央銀行が国中を支配することにな

れば イギリスの二の舞になりかねないと、強力な通貨発行権を持って、経済を動かす中央銀行を作る案が否決されてしまったのです。同じことは警察についても言えます。国全体にまたがって警察力が行使されることへの抵抗は根強く、ＦＢＩができたのもようやく二〇世紀になってからです。国土安全保障省（Department of Homeland Security）のような国土全体の安全を統括する組織ができるのも、九・一一同時多発テロが起きたあとの二〇〇二年です。

――アメリカにおける警察は行政機構というよりは「保安官」のイメージですよね。

まさに保安官です。保安官は、言っても一介の庶民ですから大した軍事力もないわけですが、地域の法と秩序を維持する存在として神話化されています。そう考えると、中央集権が弱いアメリカでの連邦の郵便システムは、連邦政府が誇れる唯一の分野だったのかもしれません。さらには、身近に「連邦」を感じることのできる唯一の存在だった可能性もありますね。

――ケヴィン・コスナー（一九五五―）が主演した『ポストマン』（一九九七年）という映画は国家が消滅した未来世界で、ボランティアのポストマンたちのネットワークが、荒廃した世界に秩序をもたらすというものでした。国家をめぐる想像力が軍や警察ではなく、郵便局員を通して立ち上がるというのは面白いですね。

権威的なイメージがなく、知や情報を誰の家にも平等に配ってくれる人という、デモクラ

1910年頃のポストマン

ティックなイメージとも結びつきます。

アメリカで暮らしていたとき、ポストマンの人と仲良くなったことがあります。東日本大震災のときにちょうどアメリカにいたのですが、郵便局の人に「応援してるよ」と握手を求められ、感動したのを覚えています。アメリカにおいて、国家とコミュニティをつなぐものとして、ポストマンというのはたしかに重要な存在なのかもしれません。

——郵便システムが近現代の社会的想像力にいかに大きな影響を与えたかということについては、先に挙げたグレーバーが面白いことを書いています。一九世紀末から二〇世紀初頭に、世界で最も先進的な郵便システムを誇っていたのはドイツのベルリンだったそうですが、それを見たソ連共産党の創設者レーニン（一八七〇―一九二四）が「このシステムをもって国家全体を管理する」という啓示を受けたそうです。レーニンは、こう語ったそうです。「全国民経済を郵便にならって組織すること。——これこそ、われわれの当面の目標である」。

面白いですね。いまの時代にスライドして言うならインターネットに触れて、新しい統治の可能性に目覚めるのに近いのかもしれません。それこそ、ガバメントのデジタル化に取り組んだエストニアに、世界各国が注目したように。

——グレーバーはまさにインターネットを、レーニンを魅了した郵便システムに重ね合わせながら、その危険性をこうまとめています。

「あるあたらしいコミュニケーション・テクノロジーが軍隊から発達してきた」、「それは急速に普及し、日常生活を根本から変革した」、「目も眩《くら》むばかりの効率を有するとの評判が高まっていった」、「非市場原理でもって機能しているがゆえに、古いものの外皮のなかですでに成長しつつある未来の非資本主義的経済システムの最初の胎動として、急進派《ラディカル》たちがとびついた」、「にもかかわらず、それはただちに、政府による監視、そして広告と望まれないペーパーワークのはてしない新規格を拡散させるための媒体と化した」。

面白いです。

――グレーバーのようなアナキストから見れば、郵便制度も、その再演ともいえるインターネットも、「官僚主義の権化」とみなされてしまいますが、そう言われてみると、小泉純一郎《こいずみじゅんいちろう》（一九四二ー）元首相が民営化政策を推進するにあたって、郵便制度を悪魔化し「ぶっ潰《つぶ》す」べき敵として象徴化したことは、案外理にかなっていたと言えるのかもしれません。

日本の文脈で言いますと、郵便を司《つかさど》る逓信《ていしん》省の創始者は前島密《まえじまひそか》（一八三五ー一九一九）です。彼は、近代国家の建設は郵便システムから始まると考えていましたから、日本の郵便と中央集権的な近代国家とは非常に強い結びつきがあったと言えます。そのモデルとして、まさにドイツがありました。

ところが日本の場合、国で郵便局を全部作りきることができませんでしたから、地域の有力者に一部丸投げしてしまいます。それがのちの「特定郵便局」というものにつながり、自民党の保守勢力を支える利益団体になっていきます。小泉首相は、それを壊してしまえと言ったわけですが、ここには、中央集権的な国家と地方の名望家が、郵便局を媒介に結びついた日本特有の事情が強く作用しています。そういう意味では、ホイットマンからカーペンターズへとつながるアメリカ的なポストマンと日本の郵便局とでは、だいぶイメージが違いますね。

「集権」と「分権」

——アメリカにおいて公務員という存在は、どのようなものとして想像されているのでしょうか。アメリカの官僚と言われても、まったくイメージが湧きません。

いわゆる「ザ・公務員」というイメージは弱い気がしますし、私自身いまだにピンときません。

——映画やドラマで目にする範囲で思い浮かぶのは、せいぜいCIAやFBIの人たちくらいです。保健省や交通省の職員となると、まるで想像がつきません。

トクヴィルはそういう公務員制度が発達していなかったアメリカを見たからこそ、平等化というものを「問題点はあるけれどもいいものだ」と考えることができたのだと思います。

「下からの秩序」のあり方が、アメリカでは一番自然です。政治学の教科書では、最初に国家があって、次に州レベルの政府、最後は地域の順序で説明されますが、トクヴィルの『アメリカのデモクラシー』では、この順番が逆になっています。最初にコミュニティ、カウンティ（郡）、州、最後に連邦の順序で語る。これはアメリカの成り立ちを考えれば自然な議論の流れですが、政治学の歴史からいくと、やはり珍しい書き方です。

もちろん、トクヴィルにしてみれば、その書き方自体に意味があって、デモクラシーの秩序を作っていく際のイメージがそこには反映されています。

――中央集権に対する「分権」について、トクヴィルは語っているのでしょうか。

先ほど言いましたように、トクヴィルはモンテスキューの良き弟子ですから、絶対王権に貴族たちが抵抗し、王権をチェックして歯止めをかける伝統を良いものだと考えています。ですから基本的に中央集権化（centralization）よりも、分権化（decentralization）のほうがいいという議論はしています。

ただ、トクヴィルはこの「集権化」には二種類あるとしており、外交や安全保障などの政策領域における「政治的集権化」は必要だとしています。一方、それ以外の内政分野に関する「行政的集権化」は不要だと考えました。各地域でやるべきことは各地域でやればいいのであって、それを全部中央で監督して指示を出す必要はない。そんなことをしていると、地域の人たちが自分たちの問題を考えなくなるとさえ語っています。行政的集権化は、むしろ弊害のほうが大きいと判断しています。

――いまのお話のように、「政治的集権」と「行政的集権」を区別するという考え方は、政治学では珍しくないものなのでしょうか。

トクヴィルがそのような考えを主張したことは知られていますが、その論理がのちの政治学によく継承されたかというと、必ずしもそうでもありません。トクヴィル自身は、このテーマを繰り返し書いており、先ほど挙げた『アンシァン・レジームと革命』でも、イギリス、フランス、ドイツの歴史は、この「集権」「分権」の二つの概念で説明できるとしています。

当時のドイツは統一していない時期ですから、政治的集権に失敗したと見ることができる。フランスは絶対王権のもとで政治的集権に成功したけれど、ついでに行政的集権まで推し進めた結果、政治的な自由がなくなって窒息してしまった。イギリスは、政治的集権を実現した「強い国家」だけれども、行政的には意図的に分権を維持している。イギリスのやり方が一番いいのではないかといった説明をしています。

――わかりやすいです。

福沢諭吉の構想

実はこのモデルを引き継いだ人が日本にいまして、それが福沢諭吉《ふくざわゆきち》（一八三五－一九〇一）です。福沢諭吉は、トクヴィルの『アメリカのデモクラシー』を英語で読んでいます。福沢は驚くほど勘のいい人ですが、その福沢に「分権論」という論文があり、これはいま読んでみても非常に面白いものです。

彼はここで「政治的集権（政権）」と「行政的集権（治権）」の話を日本に適用しようとします。強い近代国家を作らないと欧米列強に侵略されてしまうので、その観点から政治的集権は必要。けれども、地域の問題まで全部東京に集権化してはならないと福沢は論じます。当時はまだ西郷隆盛《さいごうたかもり》（一八二七－七七）の西南《せいなん》戦争の記憶が生々しい時期でしたが、福沢は彼ら不平士族を地方行政にあたらせようと提案しました。これは慧眼だったと思います。

不平士族たちを圧迫して追いつめるよりも、地域で政治活動をさせて、地方議会を国会に先んじて発展させるべきだと福沢は考えました。不平士族を地域自治の担い手に育て上げればいい。まず地方議会を固めてその上で国会を作れば、きっとうまくいくと考えたわけです。センスの良さを感じさせる議論です。

――政治と行政をちゃんと分けましょうという議論は当たり前のようにも聞こえますが、案外

明確に認識されていない気もします。とくに「行政」をいかに考えるのかという点が、ずっと曖昧《あいまい》になっている気がします。

いまだに政治と行政の二つをごっちゃに考えてしまうことは多いですよね。

――例えば「政府」と言ったときに、それが何を指しているのかからしてかなり曖昧です。行政権と立法権が別個にあることは頭では理解しているものの、「政府」と言ったときには、それがグチャッと一体化してしまいます。

立法権と行政権とが一体化してしまう感覚は、まずは議院内閣制であるところに由来します。アメリカのように両者が明確に分離している国では、大統領や知事の選挙と、議会の選挙は別個に行われます。日本の場合は、行政府の長である総理大臣や、他のほとんどの大臣がみな立法府の国会議員でもあることが前提ですから、違いが明確になりません。

福沢諭吉

中央政府と地方の政府の違いということで言えば、明治国家では先ほどの福沢の構想は実りませんでした。むしろ中央政府を強化し、地方はあまり政治化させないよう、中央から派遣された内務官僚が県や郡単位で支配し、もっと下の単位では地方の名望家層を維持して地域を取りまとめるというやり方を取りました。そうした地方名望家をどう見るかの評価はさておき、知事には地方分権的なイメージは弱く、中央権力の代理人的なイメージが強い。結果、立法と行政が曖昧化してしまいます。

ところで、シャーロック・ホームズを読んでいると、治安判事という肩書きの人が出てきますよね。

——治安判事、ですか。

それぞれの地域で事件が起きるとまず捜査に出てくるのが地元の警察と治安判事です。それでは事件が解決できず、シャーロック・ホームズが呼ばれることになるのですが、そこにロンドンのスコットランドヤードのレストレード警部などが一緒についてきます。ところが、そうするとまず、この治安判事と揉《も》めることになります。というのも、治安判事は基本的に地元の名望家なので、大体が反中央集権だからです。

——アメリカ映画でもよくある、市警が最初に事件に対応していたところにFBI捜査官がやってきて、捜査権をめぐって揉めるのと似た感じですね。

レストレード警部がロンドンから出張ってくるのは最後の最後で、はじめは治安判事が自分たちで事件を解決しようとします。イギリスの国会議員も似た構図で、国会期間中はロンドンに行って王権と対立しますが、それが終わるとそれぞれの田舎に帰って、地域の一員として暮らしています。

――自治・自立の気風があると。

自立しています。その場合、中央の行政と地方の行政はまったく違ったものになります。中央の行政はロンドンにいる官僚が取り仕切りますが、地方の行政は、治安判事に象徴される地域の顔役が警察も含めて末端まで差配するわけです。フランスは逆に、中央から派遣されてきて、末端まで中央の管理下に置かれる。イギリスとフランスのこの違いは大きいと思います。

――日本はどちらなのでしょう。

アメリカやイギリスが分権型で、フランスが集権型だとしますと、日本はそこが曖昧というか、中央と地方が結びついた融合型になりそうです。そうしたことも、行政府のイメージ形成を困難にしているところなのかもしれません。

プラットフォームとしての政府

――私たちは国の組織図をイメージする場合、通常、大きい単位を上において、下にいくにしたがって小さいものになっていくピラミッド型のヒエラルキー図をイメージします。ところが、トクヴィルのように、タウンシップやカウンティという小さい単位を上において、一番大きな単位である連邦政府・中央政府を一番下に置くと、一番下に置かれた中央政府を、いまの言葉で言うところの「プラットフォーム」としてイメージしやすくなりますね。

面白い。行政府がプラットフォームであるという考え方は、まさにトクヴィル的な記述の仕方に基づいてこそ、構想可能になるのかもしれません。

——GaaS（Government as a Service）は、まさに政府がプラットフォームとして機能するというアイデアです。そこでは、政府はYouTubeやTwitterのようなソーシャルメディアプラットフォームと同様、自らコンテンツは提供せず、みんなが好きにコンテンツを作り、それを人に見てもらったり、販売したりすることを可能にするツール（道具）を提供するだけの機能を有します。ユーザーがコンテンツを生成する「ユーザージェネレイテッド・コンテンツ」（UGC）という考え方です。

「自分たちが見たいものを自分たちで作る」というYouTubeの原則にならって、「自分たちが実現したい社会を自分たちで作る」を原則とするのが「GaaS」であるというのが私の理解で、その意味でプラットフォームは、情報、知識、意見からお金、物資などをユーザー同士で交換することを可能にする雑多な「マーケットプレイス」の形を取ることになります。

そのプラットフォームを誰がどのように運営するのか、そうしたプラットフォームが本当に公共圏たりうるのか、といった難しい問題に、いま私たちは直面しているわけです。ここでも「ポストマン」のモチーフが有効なのは、面白いところです。つまり郵便というのは、プラットフォームですよね。

先ほどアメリカの郵便屋さんは親しみがあっていいという話をしましたが、いくら親しみがあっても、郵便を出しても届かないというのでは困ります。実際に対面するのは地元の気のいいお兄さんであるけれども、その後ろには全国的なネットワークがあって、国全体とつながっているというのがアメリカにおけるポストマンのイメージでした。

日本の場合は郵便は近代国家のほうに吸い取られてしまいますが、アメリカの場合は、つながっているけれども分権的、分散的なシステムは維持されます。個々のやり取りはマイクロかつローカル的ですが、ネットワークが張り巡らされていることはとても重要です。それは階層化されたピラミッド型の秩序ではなく、ネットワークによって自律分散的に編成された秩序だと言えます。

――加えて、郵便の場合、そこでやり取りされるコンテンツは、言ってみれば「UGC（ユーザー生成コンテンツ）」なんですね。それが爆発物や麻薬のような違法なものでない限り、郵便システム側は手紙の中身には干渉しないという点は重要かもしれません。ソーシャルメディアを「手紙」に似たものと考えるのか、「メディア発信」に似たものと考えるのかで、それを検閲すべきかどうかの議論も変わっていきます。

トクヴィルは、アメリカのいい点は、小さい国のメリットと大国のメリットをうまく兼ね備えているところだと書いています。小国は、相対的にみんなが平等で、お互いにちゃんとコミュニケーションを取りながら、それぞれの現場で自律的に課題を解決していけるし、大国は、人口の多さを活かし、それを経済力や軍事力に結びつけていける。その双方のメリットをアメリカはうまく組み合わせているとトクヴィルは褒めています。

そう言ってしまうと、連邦制はいいことずくめで、日本も道州制にして分権化すればすべてうまくいくだろうと思えてきますが、日本では分権化するのにひどくエネルギーやコストがかかり、やったらやったで互いにむしろ足を引っ張り合うようなことも起きかねません。このことはトクヴィルも語っており、アメリカと同じように連邦制を導入しようとして失敗したメキシコの事例に触れています。

連邦制というのは実際のところ、運用が難しい。それぞれ地域の人たちが自分たちで決める自立性を保障することは、みんながバラバラになり、対立したり矛盾したりすることにもつながります。ローカルな自律性を担保しつつ、全体のシステムが壊れないようにするためには、調整に大変な労力がかかりますし、市民が政治的に成熟していないと、システムを使いこなせません。それで当時のメキシコではうまくいきませんでした。

それでは、なぜアメリカではうまくいったのか。アメリカの建国期の人たちは、さっきお話ししたようにイギリスでの自治の経験を経ていたので、それなりに準備ができていたからだとトクヴィルは分析しています。

さらにトクヴィルはもう一つ面白いことを言っています。トクヴィルは、アメリカで分権が発展したのは、歴史的な偶然、地理的な偶然による部分が大きいと言います。建国初期にはヨーロッパとの戦争がありましたが、その後はモンロー主義（孤立主義）を採用しても、攻め込んでくるような大国が周辺にありませんでした。もしアメリカのすぐ隣に強国があったら、連邦制は難しかっただろうというのがトクヴィルの見立てです。

――隣国はメキシコとカナダだけ。

初期の頃はカナダとも緊張関係がありましたが、ある時期からそれが緩和されていきます。結果として、大きな脅威はなくなりました。対外的な脅威があると、連邦制はつらい。アメリカが連邦制、分権的なシステムを採っても壊れなかったのは、力づくで外から侵略してくる勢力が相対的に弱かったからだというわけです。これは現代でも当てはまる話で、分権的システムが機能するためには、いくつかの条件に恵まれないといけないというのは、重要なポイントです。

アメリカで内戦が起きるとすれば

——先ほど、ドイツ、フランス、イギリスにおける「集権」と「分権」のお話がありました。イギリス人が自治の能力に長《た》けているというのは、実際にそうなのでしょうか。

トクヴィルがそう書いたことで神話化され、「アングロサクソンの人々は地方自治的な分権型のシステムの使い方が上手だ」とされた部分はあります。先ほどお話ししたような、西部の開拓地に保安官ひとりがやってきて法と秩序が形成されるイメージは、本当なのかなと思ってしまいますよね。日本人の感覚からするとかなり不思議です。

日本人からしますと、港湾労働者のなかの顔役からヤクザ的組織が成立して、みかじめ料を取りながら秩序を作るといったほうが、よっぽどしっくりきますよね。保安官が事件現場に単独で乗り込み、それなりにさばいて何とかするという感覚は、なかなか理解しがたいところがあります。

ただ、それができるということは、市民の側にそれを受け入れる素地があるということなのでしょう。保安官のようなリーダー的役割を果たす人と、それを受け止める人々との間で共有された規範意識のようなものがあることにもなります。それがなぜアメリカにあったのかという点については、イギリスから持ち込まれたとするのがトクヴィルの説ですが、なるほどと思う一方で、アングロサクソンを持ち上げすぎという気もしなくもない。

——最近、とあるベンチャーキャピタリストが『ネットワーク国家』（Network State）という本を刊行し、ブロックチェーンを基盤としたバーチャル国家を作るアイデアを提出しています。そこではオンライン上でつながったランダムな「国民」を束ねるにあたって「規範」というものが重視されています。オンラインコミュニティが作られ、そのなかで規範がどのように作られ、共有され、そしてそれがいかにガバナンスの基盤になりうるのか。コミュニティにおける規範というテーマは、この本に限らずさまざまな観点から注目されています。


これは異論もあるところですが、トクヴィルは、イギリス系の人たちが中心に作ったアメリカの規範には、言語や宗教を含めた価値観や文化の共通ベースがあったと論じています。宗教、言語も含め、一定程度、同質的な人たちが連邦制を作ったからうまくいったというのが、トクヴィルの説明です。逆に言えば、もし民族も違えば言語も違い、文化も価値観も違う人たちが作ったものだったら、たちまち解体していただろうということです。

ただ、アメリカの建国期は、実はもっと多様性がありました。イギリス系と一口に言ってもイングリッシュ、スコッティッシュ、アイリッシュでは文化も違いますし、オランダ系やフランス系、ドイツ系などの植民者もいたので、トクヴィルは単純化しすぎだという批判はあります。それでも、まったく異質な人たちが集まっていたら同じようにうまくいったかどうかは疑問です。

――例えば隣国のカナダでは、フランス語圏のケベックがずっと独立運動を続けていますが、そういった話はアメリカでは不思議と聞いたことがありませんね。

トクヴィルはフランス人ですので、アメリカへ渡ったフランス人たちの足跡をたどる旅もしています。彼が見たところフランス系はカナダのケベックにはかろうじてまとまりとして残ったけれど、アメリカではあちこちに分散した結果、一つの勢力としてまとまる余地がすでになくなっていると言います。

――アメリカでは、せいぜい南部のニューオリンズのあたりに残っているくらいですよね。

ニューオリンズは、元々ヌーベル・オルレアンですからね。そうした状況からトクヴィルは、アメリカは文化的なエスニックな原因から分裂は起きないだろうと見ました。むしろ「平等の国」アメリカで将来内戦が起きるとすれば、黒人奴隷に依存した南部の経済システムと、黒人奴隷を前提としない北部の経済構造の違いに起因することになるとトクヴィルは考えました。奴隷に依存するかしないかによって経済構造が変わり、それがゆくゆくは政治的対立につながる。さらには内戦を引き起こすかもしれないと語るのですが、慧眼だなと思うのは、人道的に人種差別が悪いからただちに問題が起きるとはせず、それを経済構造に起因する軋轢《あつれき》として見た点です。

アソシエーションという身分保証

——第1章からここまで寄り道しながら、平等化の趨勢の意義と、逆にそれがもたらす困難、なかでも孤立・孤独という、いまにも通用する現代的な問題に駆け足で触れてきました。そうした困難を緩和するものとして、「結社」というものが重要な役割を果たすとトクヴィルは論じたと宇野さんは書かれています。

これは本書全体に通底する、大きなテーマです。

ここまでお話ししたように、トクヴィルはアメリカで「平等化」という趨勢を見て、そこから必然的に「個人主義」が広まっていくだろうと予測しました。かつての身分制社会は血縁、地縁で人を縛り付けてきましたが、しがらみから解放された個人は逆に孤立し、どんどん自分の狭い世界に閉じ込められていく。それが、トクヴィルが見た個人主義という趨勢でした。

これだけですと、平等化するとみなが孤立化し、バラバラになって、社会が解体するというシナリオにしか行き着かないのですが、アメリカにはそうならないようバランスを取る、もう一つ異なるベクトルがあることにトクヴィルは気づきました。それが「結社＝アソシエーション association」というものです。

――「「デモクラシー」の社会において、人は「一人ではほとんど何をなす力もなく、誰一人として仲間を強制して自分に協力させることはできそうにない。彼らはだから自由に援《たす》け合う術《すべ》を学ばない限り、誰もが無力になる」」。そうした無力に抗《あらが》う「抵抗の拠点」として結社があると、宇野さんは『トクヴィル』のなかで説明されています。

トクヴィルは、アメリカには平等な立場で個人が協力し合う習慣があると書きました。自由に援け合うノウハウを、理屈ではなく肌感覚で持っていたと、トクヴィルは見たわけです。ニューイングランドのタウンシップの人たちは、「ここは道路が悪いよね」となったら、「じゃあ道路を直そう」、「みんなで少しずつお金出そう」、「他の人とも協力しよう」といって政府に依存することなく、自分たちの手でそれを成し遂げていきます。トクヴィルは、それは理屈ではなく習慣の問題だと論じ、このアソシエーションの習慣があれば、個人主義の負の趨勢に対抗できると説きました。

トクヴィルが訪ねた七四年後のことになりますが、ヨーロッパから優れた知性を持った別の人物がアメリカを訪れています。『プロテスタンティズムの倫理と資本主義の精神』(一九〇四―〇五年)で知られるマックス・ウェーバー(一八六四―一九二〇)です。『プロテスタンティズムの倫理と資本主義の精神』は最も知られた著作ですが、ウェーバーには、これとよく似たタイトルの「プロテスタンティズムの諸信団(ゼクテ)と資本主義の精神」という論文があります。

ウェーバーの『プロ倫』は、資本主義が形成された背後には、プロテスタントの非常に狭いセクトの考え方が強く反映されていることを明かしたものです。そこからもわかるように、ウェーバーの興味は、分派しながら乱立するさまざまな「ゼクテ（セクト）」にあり、それがまさに花開いている様子を、アメリカの地で見ることになります。

ウェーバーがアメリカで調査してわかったのは、そうしたセクトに人々が参加しているのは、必ずしも信仰という理由からばかりではなく、各セクトが一種の身分保証の役割を果たしているからだと気づきます。

マックス・ウェーバー

――身分保証？

移民が人口の大半を構成するアメリカの場合、その人がどこから来た、どういう出自の人かがわかりませんので、ある人物の素性を手っ取り早く認証するために、どの宗派のどの教会に属しているのかが重視されたとウェーバーは見ました。

それも、そこで何を信仰しているかが重要ではなく、その人がどういう社会集団に属し、どの程度の資産や教養を持っているかを知る上で、所属する教会というものが役に立ったからだと言います。「どこの教会にご所属ですか？」と聞けば、どの程度信頼できるかがほぼ判断できる。そういう純粋に社会学的観点からアメリカの「ゼクテ」は発展したというのがウェーバーの見解です。

——出入りしている「界隈《かいわい》」から、お互いの信用度を測る、と。

セクトがお互いの信用チェックシステムとして使われたというのがウェーバーの解釈です。先ほどからアメリカは中央政府が弱いという話をしていますが、中央政府が弱いがゆえに国家が個人の信用を保証することもできませんので、「アソシエーション」でそれを肩代わりするしかない。それは意図してそうなったというよりは、宗教的セクトが無数にあり、それが一種のソーシャルグラフとなりうることが発見され、結果的にそういう機能が見出されたわけです。社会的なさまざまな役割を中央政府に代わって、宗教的なセクトが肩代わりする。そういう土地に根づいたシステムがあったからこそ、トクヴィルの議論も可能になったとも言えそうです。

——「アソシエーションを作っていきましょう！」と言ったところで、いきなりでき上がるものでもないということですね。

はい。トクヴィルが言った話を日本でも実現しましょう、と言うのは簡単ですが、いざアソシエーションを作ろうとしても、「どうやって作るんだ」となってしまいます。日本でNPOを作ろうとしても、なかなかうまくいかないのと同じです。そもそもそれが社会的に何の機能を果たしているのか、そのコンセンサスが曖昧なわけですから。

フランスと結社

――ヨーロッパにおいて、トクヴィルが言った意味での「アソシエーション」に近いものといえば、何にあたるのでしょう。日本でいえば、例えば神社やお寺が中心となった「講」のようなものを思い出しますが、ヨーロッパではやはり教会でしょうか。

そこに実はフランス人トクヴィルの難しさがあります。「アソシエーション」の話をフランスに持ってきても、フランスはカトリックですから、うまく当てはめることができません。プロテスタントであれば、分派してさまざまなセクトが生まれますが、カトリックでは無数のセクトがある状態はありえません。そもそもカトリックはバチカンを中心とした集権的構造ですから、イエズス会などの修道会も教会内にとどまります。分散的に機能するイメージを描きにくい。

さらに近代国家が成立した際には、カトリックの中央集権的なシステムを新たな共和国が継承してしまいますので、アソシエーション的な文化とも相性が悪い。敵を叩くだけ叩いた結果、叩いた相手のシステムに似てしまった、というのは歴史的によくあるパターンですが、フランスの共和国とカトリックの関係はまさにそれです。

——なるほど。

フランスでは、フランス革命期にル・シャプリエ法が作られ、結社を禁止したこともあります。それによって、伝統的な身分制組織や、地域の封建的組織を否定するだけでなく、労働組合まで否定してしまいました。

この反結社的なル・シャプリエ法に象徴されるように、そもそもフランス革命と「結社文化」の関係は微妙でした。ですから、二月革命期に政治的結社が生まれるようになっても、みんな地下にもぐってしまいましたので、革命運動をしつつも、内部対立が絶えないといった状況になってしまいます。

マルクスの社会主義は、必ずしも中央集権的な社会主義のイメージではなく、むしろアナーキズムとも相性のいい分権的なイメージを内包していました。実際、当時のフランスのアソシエーションに対して、マルクスは好意的でした。一方のトクヴィルは、フランスの結社については半信半疑で、フランスで結社を作ると全部が反体制の政治結社になって、陰謀と権力闘争ばかりになってしまうことに不安を感じていました。結果として、アメリカのアソシエーションをあれだけ持ち上げておきながら、フランスではそれを後押しする気になかなかなれませんでした。

イギリスやドイツの地方都市には、いまなおアソシエーションがたくさんありますので、ヨーロッパ全部がアソシエーションに不向きというわけではありませんが、フランスの場合は歴史的に敵対的な傾向が強くありましたので、なおさらトクヴィルはアメリカのアソシエーションに憧《あこが》れたのだと思います。

また、明治以降の日本についていえば、先ほどの福沢諭吉の「分権論」とも関わりますが、地方で不平士族が集まって西南戦争や萩《はぎ》の乱、佐賀《さが》の乱を起こし、それを中央政府が叩き潰《つぶ》すことで中央集権化が進んだため、うまくアソシエーションが作れませんでした。

――新しい文化や制度、あるいはテクノロジーを、外から移植しようとすると先行してあった習慣やモデルの干渉を受けて、当初の理念通りには育たないということですね。種は新しくても、土壌は古いままですので。

アソシエーションというと、「みんなが協力して社会課題を解決することができる！」と思うのですが、これはなかなかうまくいきません。土地土地の固有のコンテクストによって、さまざまに姿が変わってしまいます。そういう意味では、アメリカの白人至上主義団体「KKK」のような暴力的で人種差別的な団体も、アソシエーションであることには変わりません。

――難しいですね。さりながら、「自由に援け合う術を学ばない限り、誰もが無力になる」というフレーズにはやはり希望を感じます。

アソシエーションのなかにある、いい部分を活用して秩序を作っていきましょうというのが、トクヴィルがアメリカで描いたストーリーでした。しかし、半ば神話化されすぎている嫌いもありますので、結社については可能性と難しさの両面を見ていく必要があります。

陰謀論者

――宇野さんは、トクヴィルの結社論の狙《ねら》いは、「デモクラシー」のなかに「「デモクラシー」とは異質な原理を保持する要素を埋め込むことにあった」と説明されています。結社は「「デモクラシー」社会に埋め込まれた〈外部〉であり、「デモクラシー」という基本的趨勢を相対化するものであった」(『トクヴィル』)。つまり、結社というものには、そもそも反デモクラティックなベクトルが内包されているということですよね。

トクヴィルの面白さは、こうした清濁をあわせ飲むようなバランス感覚の良さにあります。現代社会を見ても、白人至上主義団体のような右派的なアソシエーションが勢力を伸ばしていますが、その意味では、現代は、アソシエーションが内包している反デモクラシー的な側面が肥大化している時代だと言えるのかもしれません。

——ネット空間におけるアイドルやアニメの「ファンダム」と呼ばれるものは、個人的には現代的なアソシエーションの好例だろうと思いますし、ウェーバーがアメリカで見た「ゼクテ」を肩代わりする機能を内包しているようにも感じます。韓国のアイドルグループBTSのファンダムは、そのなかに教育的な機能もあれば、学会のようなものまであると聞きますので、ダイバーシティやインクルージョンを標榜《ひょうぼう》するアソシエーションとしてはお手本となるモデルであるように見えます。

その一方で、スポーツファンダム、つまりサッカーのフーリガンがネオナチや白人至上主義団体に組み込まれ、BTSのファンダムと変わらない手法やデジタルツールを使い、どんどんフォロワーを増やしているといったことはよく報道されていますし、MMO（多人数同時参加型オンライン）RPGを現実空間のなかで展開したとも言える陰謀論集団のQAnonも、ファンダムの手法を援用したものと言えます。ここ日本でも政治言論の中心がYouTubeをはじめとするソーシャルメディアに移行していくにつれて、「政治ファンダム」とでも呼べそうな、新たなタイプのアソシエーションが成り立ち始めているようにも見えます。

まさにコインの表裏ですね。アソシエーションを、トクヴィルのストーリーから見ているだけでは、足元を掬《すく》われてしまうのが現代の社会です。アソシエーションの本家本元であるアメリカで、白人至上主義団体の暴発が頻発《ひんぱつ》し、連邦議会議事堂の襲撃に至ったわけですから、トクヴィル的なストーリーは、むしろ反転してしまっています。

とはいえ、ウェーバーが指摘した通り、そもそもアメリカは政治的にも宗教的にもセクトだらけの国であり、大学でもフラタニティと呼ばれる、特権的で閉鎖的なクラブがずっと維持されてきました。アメリカ自身が、トクヴィルが賞賛した結社文化の良い側面にだけ「アメリカらしさ」を見出し、そのネガティブな部分を、ずっと見ずに来てしまったことはあるのかもしれません。そうこうするうちに、旧くから存在してはいたものの、可視化されずにいた反デモクラティックな〈外部〉が、デジタルテクノロジーによって一気に表面化したと見るべきなのかもしれません。

——Facebookがハーバード大学のフラタニティから生み出されたというのは象徴的です。ソーシャルメディアが、秘密のアソシエーションの申し子であるなら、これまで隠されてきたアソシエーションの暗黒面と相性がいいのも必然なのかもしれません。とはいえ、テクノロジー自体がトクヴィル的なアソシエーションの可能性を排除してしまうわけでもありません。

陰謀論者と呼ばれる人たちは、当然自分たちは「悪」だと思って活動してはいないはずです。アソシエーションというものが、そもそも反デモクラティックな要素も織り込んで、政府に頼らず自分たちで自分たちの世界をよくしていこうという原理で動くものであるなら、陰謀論者にも理があることになります。良し悪しといった価値判断を超えたところで、それ自体を不可逆の「趨勢」として見たほうがいいのではないかと感じます。

実際、白人至上主義団体の世界的な台頭は、民主主義に突きつけられた刃《やいば》として無視できない事象です。その活動はアソシエーションではないのかと問われると、それもアソシエーションには違いないと認めざるをえない。その意味で、アソシエーションという言葉を、市民文化、シビックカルチャー、シビックテックといった美しい言葉としてのみ語るのは、すでに困難になっています。

先に引用された「自由に援け合う術」という言葉の通り、トクヴィルは、アソシエーションを一種の技術と捉えていました。技術であればこそ、「自由に援け合う術」を、デモクラティックに使うことも、反デモクラティックに使うこともできます。

アソシエーションは軍事化する

私が気がかりなのは、デジタルテクノロジーを介したアソシエーションの技術が、現在では反デモクラティックな目的のために使われる場面が多く目につくことです。それはこのテクノロジーが潜在的に反デモクラティックであることに起因しているのか、それとも、結局は使う側の技術力や成熟度の問題なのかという点です。

――テクノロジーの面で言いますと、少し話題がズレますが、「サイバーセキュリティ」という概念があります。これに関して色々と調査をしていたところ、まず驚くのは、出てくる用語がほとんど軍事用語だということです。「サイバーセキュリティ」という語は、かつては「情報セキュリティ」と呼ばれていたものに代わる形で、二〇〇〇年代後半あたりに一般化されたと言われています。ハイブリッド戦争という概念がアメリカから提出されるのが二〇〇六年頃ですので、この用語の転換は、そのことと関わっているのではないかと推測するのですが、そうだとすると「サイバーセキュリティ」という概念には「サイバー空間を戦争空間とみなす」ことが含意されているということになるのかもしれません。

ここまではデジタル空間を、市民社会における公共圏の延長と想定してお話ししてきましたが、それだけでは不十分ということですね。そのことは私も強く感じているところで、まさにトクヴィルも問題にしていました。

アメリカには強力な中央政府や中央集権的な軍隊がなかったのは、隣国に強国がなかったからだということを先ほどお話ししました。トクヴィルがそう語ったことの意味は、そのような条件がなくなれば、結社という技術とミリタリー的発想が結びついて、デモクラシーがあっさりと負けてしまうということでもあったはずです。

デモクラシーや市民社会をめぐる議論は、軍事というものをできるだけ見ない形で進んできましたが、そんなことを言っていられない状況にあることは、私たちも心しておく必要があります。

――ウクライナでの戦争が私にとって大きなショックだったのは、まさにその観点からです。例えば、戦争初期のウクライナでは、大勢のボランティアの市民ハッカーたちがロシアへのサイバー攻撃に動員されたことが報じられていました。ハイブリッド戦争の定式に従えば、二一世紀の戦争では戦闘員／非戦闘員の境がなくなりますので、それも驚くにはあたらないといえばそうなのですが、私がショックだったのは、例えば市民参加型といったアイデアが、戦時下では「総動員」という概念と同義になってしまうことです。しかもハイブリッド戦争においては、平時と有事の区別もなくなると言いますから、最悪の場合、国家総動員の常態化が未来の市民社会ということにもなってしまいます。

私も二一世紀になって、ここまで生々しい暴力を目の当たりにするとは思っていませんでした。正直かなりうろたえました。

――二〇世紀前半のドイツの思想家エルンスト・ユンガー（一八九五―一九九八）は、現在ヨーロッパの極右のアイコンともなっていますが「市民は、そもそも戦争を知らない」という強烈な一節で、「戦争」を見てみぬふりをしてきた市民社会の欺瞞《ぎまん》を指摘しています。現在私たちがここ日本でも目の当たりにしているミリタリズムの世界的な前傾化は、まさにそこを突いているように見えます。

二〇世紀の理解に甘い部分があったのかもしれません。暴力的なものはいまの社会にもたくさんあるし、単に見ていなかっただけだと。

ここまでトクヴィルを通して、民主主義を考える上で欠かせない平等化と結社のお話をしてきましたが、お花畑な話は通用しないという前提を読者の皆さんと共有しておきたいと思います。その上で次章では、それでもデジタル社会において「デモクラシー」は可能なのか、可能であるならそれはいかに可能なのかを考えていけたらと思います。

アメリカ連邦議会議事堂襲撃　2021年１月６日

第3章　行政府を民主化する

――第1章で、トクヴィルが約二〇〇年前に見た趨勢が「平等化」であったことを見ました。それを受けて現在における趨勢は何だろうと考えてみると、やはり「平等化」の趨勢は変わらず続いているとは言えそうです。その一方で、前章の最後では、そうした平等化がもたらす暗黒面についても話が出ました。トランプ大統領の浮上、アソシエーションの過激化といったことですが、私はそれもまた、デジタルテクノロジーがもたらした「平等化」の趨勢の一つだと感じています。

そうしたなか、政治をめぐる言説において、「平等化」の影響を大きく受けているにもかかわらず、ちゃんと目が向けられず、あまり語られていない領域が公務員や官僚制なのではないかと感じています。

若林さんの『次世代ガバメント』は非常に面白い本で、政治というと選挙のことばかりに目が行きがちのところ、「そもそも行政府って何？」と正面から問い直したところが画期的だと思っています。若林さんの言い方ですと、みんな政治のアップデートを語りますが、いくら政治をアップデートしたところで、行政府の「ＯＳ」が古いままだと、何も変わらないだろうということになります。

これは重要な指摘で、まさに前章の福沢諭吉のところで触れた話題、政治と行政とをきちんと分けて考えようという議論ともつながります。

選挙というバイアス

――二〇一三年に『WIRED日本版』というメディアで「オープンガバメント」を主題にした特集を作ったのですが、多くの人に「それってネット選挙の話ですか？」と聞かれました。ガバメントにデジタルを掛け合わせると「選挙」の話だとみんなが思ってしまう。なんでだろうと思ったんです。

そのお話はとても象徴的だと思います。「デジタル民主主義」といった言葉が取り沙汰《ざた》されるようになり始めた頃、インターネットを使った直接民主主義といったことがやたらと語られ、行政の話にまるで頭が向かっていませんでした。いまはだいぶ意識も変わってきましたが、それでも、政治学ではなお、民主主義や政治改革という話題になると、すぐ選挙の話になってしまいます。

――アメリカでオバマ（一九六一―）大統領が「オープンガバメント」を政策化したのは二〇〇九年でした。一部には「国民の声を直接聞く」といった「民意」に関わる施策もありましたが、取材してわかったのは、多くが行政府の効率化プロジェクトだということでした。

「政治がよくない」「変えよう」という話が出ると、まず「選挙制度を変えよう」となります。「選挙制度を変えて、もっと国民の声をよく聞こう」というわけです。立法権の機能をアップデートすることによって、国民の意思をよりよく政治に反映する。それがすなわち政治をよくすることである。こういう思考回路は、明らかに立法権中心主義に立った考え方です。

でも、現実的に考えると、選挙というものは、やはりまどろっこしいわけです。世の中を変えようと思ったらまず一票を投じて、自分が投票した候補者なり政党なりが政権を取って、さらに議会で法案と予算を通さないと、望んだ政策は実現されません。何かが変わるために、いったい何年かかるんだという気持ちになりますよね。

これに対し、ハワイの州立公園で道路を修復する際、必要な予算を獲得するのに数年かかると聞いたボランティアや地元企業が、それぞれ資金や機材を持ち寄って、わずか八日間の作業で完了したという有名な事例があります。

これは面倒な選挙のプロセスをすっ飛ばして、市民が自分たちで行政課題を解決した事例で、まさに第2章で話したアソシエーション的な動きです。こうした事例は今後も増えていくでしょう。行政は予算的にも人員的にも、住民の困りごとにいちいち対応できなくなっていますから、市民の力を借りて、多様化する課題の解決に取り組んでいかざるをえない。

そうした観点から、行政と市民とをデジタルテクノロジーで結びつけて、よりダイレクトに課題解決を実施することができる方法はあっていいはずです。ところが、われわれは何かというと選挙のほうばかりを見てしまう。民主主義と言えば立法権であり投票であるという思い込みは、どうにかしなければなりません。

——賛成です。

フランスの政治学者ピエール・ロザンヴァロンの『良き統治』(二〇一五年)という本があります。これがまさにこのテーマを扱っています。まず彼は、なぜわれわれは民主主義というと選挙の話ばかりをしてしまうのかと問うのですが、ずっと昔からそうだったかというと、そうでもないと。

この傾向はフランス革命以降から始まるとロザンヴァロンは言います。逆に言えば、それまでは必ずしも立法権が政治の中心だったわけではありません。それがフランス革命から一九世紀にかけて、立法権中心主義が一般化したのだと彼は説明します。言われてみれば、一九世紀における民主主義に関わる最大の政治的トピックといえば、参政権の拡大なのですね。

ロックの「三権分立」

——そもそも私たちが思い描いている行政府というのは、いつ頃から発生するのでしょう。立法府が決めたことを粛々と実行する機関としての行政府、という意味ですが。

これも第2章で触れたように、アメリカについて言えば、建国してから一九世紀までは、ワシントンにいる公務員の数はたかが知れていました。いまのようにたくさん公務員を抱えるようになったのは二〇世紀に入ってからです。その意味では、いまの行政府のあり方は誕生してからぜいぜい百数十年です。

では他の国はどうだったかと言いますと、例えば「三権分立」という概念がいつ頃生まれたかという問題になります。よく、三権分立は一八世紀のモンテスキュー『法の精神』（一七四八年）に始まるとされていますが、それは疑問です。というのも、モンテスキューの著作には「司法」「立法」「行政」の三権分立という話はほとんど出てきません。「三権分立といえばモンテスキュー」という通説が定着するのは一九世紀中葉だと思います。

その一方で、イギリスの思想家ジョン・ロック（一六三二－一七〇四）が、一七世紀にすでに「三権分立」を論じています。『統治二論』（一六八九年）というと、教科書的には「国民の信託に基づく政府」「信託に反する政府への抵抗権」といったことが説明されます。ところが、実際に読んでみると、イメージと随分違います。彼は、どちらかというと「国王の大権 Prerogative」を重視していて、国王が巨大な力を持っていることが議論の前提になっています。「ロックって意外に古いな」と一瞬思ってしまうのですが、問題はそこからです。

ジョン・ロック

ジョン・ロックが生きた一七世紀末のイギリスは、名誉革命を経て、それまで弱かった王権が強まっていく時期にあたります。実証研究によれば、ロックが『統治二論』を書いたのは、名誉革命の一〇年ほど前ですが、ロックは王権が強くなっていくことを見据えながら、どこかに歯止めをかけておくという観点から、立法権と執行権の区別を論じています。

つまり、ロックによれば、立法権は国民の信託を受けた議会にあります。これに対し王の権力とは、議会によって制定された法律を執行するものである、というわけです。

——王が執行権を持つと。

そうです。王様の力は強大ですが、フリーハンドではない。あくまで議会が作った法律を執行するのが役割。といっても実際には、当時の議会に国王の政府を完全にコントロールする力はありませんでした。

例えばロックは立法権、執行権と並び、「フェデレイティブ・パワー federative power」という権力を論じています。日本語では「連合権」と訳されますが、これは主として軍事権や外交権を指します。立法権と執行権と並んで、連合権があるのですが、この権力は王に属します。現在でも外交や安全保障は、民主主義には馴染《なじ》まないと考える人がいますが、この当時は明確に、議会の立法権の外に連合権があったわけです。立法権の統制のきかない部分は現代の民主的な政治体制にも残っています。

中国の科挙、一七世紀のペスト

――いまの官僚組織の原型は、王様の執行権ということになるわけですね。

はい。イギリスの官僚機構は比較的弱いですが、フランスでは非常に強力な官僚機構が王の下に発展します。

――そこでは、いったいどういう人たちが官僚として選ばれたのでしょう。貴族だったのか、それとも試験に基づく資格制度のようなものがあったのか。

いわゆる近代的な公務員制度が発達するのは一九世紀以降ですから、最初の頃には当然試験に基づく公務員制度はありません。ですから基本は縁故ですよね。一八世紀のヨーロッパでは、実は中国が世界で最も進んだモデルを持っていると考えられていました。その大きな理由は、試験に基づく公平な制度で公務員を選んでいたことです。

――科挙ですね。

中国の政治制度に学ぼうという議論が、とくに一八世紀のフランスでは強く出てくるのですが、改革は思ったようには進みませんでした。フランスはヨーロッパのなかで最も早く近代的な官僚制を作ったと言われますが、現実には売官制が根強く残っていました。つまり、国が官職をお金で売るわけです。時代はちょっと遡りますが、『エセー』(一五八〇年)で有名なモンテーニュ(一五三三―九二)も、売官制によって高等法院の法官になっています。お金持ちが、子孫のために官職を買うパターンです。

――なんだか残念な話です。

こうして見るとヨーロッパの官僚制は、近代官僚制とはまるで縁遠いものでした。中国の科挙をモデルにしようという議論は出たものの、現実はそれとはほど遠い。

――中国が科挙制度によって行政というものを、言うなれば「民主化」したのは宋《そう》の時代だったと思いますが、いまにして思えば、これは相当に劇的なトランスフォーメーションだったわけですね。ヨーロッパの数百年先を行っていたわけですから。

そうですね。行政府の「民主化」は、一〇〇〇年以上前に中国で起きていたことになりますが、ヨーロッパでそれが実現するには長い時間がかかりました。

――とはいえ、ヨーロッパの初期の官僚が、縁故でつながった王様の取り巻きであることを聞いて腑《ふ》に落ちたところもあります。近代官僚制が整備され一応官僚が平等化されたとはいえ、そこで働く公務員・官吏が、そこまで市民とフラットで対等な関係にあるのかと言われると、実感としてはそうではありません。というのも、中央政府の公務員に対しては一定のリスペクトはありつつも、密室で何かやっている印象もぬぐいがたくあるからです。

縁故に基づくエリートの一団がそこで蠢《うごめ》いているという疑念、官僚集団をめぐる不信が、とくにアメリカなどでは近年極端に肥大化しているように感じます。ドナルド・トランプはよく「沼をさらう」という言い方をしていますが、政治家、官僚、大企業などが結託した、市民の目には見えない腐敗を言い表したものでした。「ディープステート」という表現にも、似たような気持ち悪さが託されているように感じます。

たしかに、絶対王政の時代の官僚制というのは、実際は名ばかりのもので、国民の数を把握することすらできず、まして、国土を隅々まで把握して管理することなど到底できませんでした。それが時代を経るなかで、徐々に精密化し、権限も拡大していくのですが、私は、その契機として大きかったのは、感染症なのではないかと思っています。

——ああ、なるほど。

新型コロナのパンデミックを受けて、ダニエル・デフォー（一六六〇―一七三一）が刊行した『ペストの記憶』（一七二二年）という本が話題になりました。デフォーはロックとほぼ同時代を生きた人で、一六六五年にロンドンで発生したペストの蔓延《まんえん》を目の当たりにしました。

ところが、当時の権力には、病気がどこで発生して、どのように感染が広がっていったのかを定量的に把握する能力はありませんでした。国家統治において統計学に基づいた科学的な手法の導入を提唱したのは、イギリスの医師兼経済学者ウィリアム・ペティ（一六二三―八七）の『政治算術』だと言われていますが、それが刊行されたのは一六九〇年です。ロックの『統治二論』、ペティの『政治算術』、デフォーの『ペストの記憶』。これらの本に共通する同時代的な感覚があるとしたら、ペストなのではないかと私は見ています。感染症が拡大していく状況を目の当たりにすることで、国民の生の把握と管理という問題が競り上がってくる。まさに、規律化や監視社会を論じたミシェル・フーコー（一九二六―八四）的なテーマです。

——生権力の誕生と、官僚機構の精緻《せいち》化。

感染症の蔓延を機に、公衆衛生という概念の発達や、「人を殺す権力」から「人を生かす

スペイン風邪の隔離キャンプ　アメリカ・メイン州

権力（生権力）」への転換が始まるわけです。人々の生命を管理しようという発想ですね。もちろんそれが、強力な形で発動するのは二〇世紀になってからのことですが、そこでも一九一八年に流行が始まった「スペイン風邪」が大きく作用していたはずです。

あれは「スペイン風邪」と呼ばれてはいますが、感染拡大が最初に報告されたのがスペインだっただけで、全世界で実に六億人が感染したとも言われるグローバルな流行でした。ちょうど第一次世界大戦中だったことから、ヨーロッパに送られたアメリカ軍が感染を拡大させたとも言われています。

つまり、感染症を契機に国家による管理が強まっていく歴史的な趨勢は、一七世紀のペスト、二〇世紀のスペイン風邪が画期となっており、新型コロナの世界的流行は、三度目の画期となったとも言えます。パンデミックを通じてデジタル化が大きく進展したことは、今後、統治や行政のあり方に大きな影響をもたらすだろうと予測していいかと思います。

目立つ議会、隠れる行政

ここで問題なのは、行政権が精緻化しながら拡大していく現実があるにもかかわらず、政治学はそれと違う方向に向かったことです。アメリカの独立革命とフランスの革命において目立ったのは、議会のめざましい活躍でした。アメリカでは憲法制定議会がフィラデルフィアで開催され、フランスでは一七五年ぶりに三部会が召集され、それが国民議会となって革命を主導します。人権宣言を採択し、新憲法を制定し、新しい共和国を作った。みんなの目が議会に向いたのも無理はありません。その結果、参政権の拡大が一九世紀を通じて政治の中心的テーマとなりました。

パンデミックのような事態を通じて国民の管理体制が精緻化され、行政＝執行権の力が強まっているにもかかわらず、人々の視線は議会にばかり集中していく。そうしたなか、政治理論も立法権を中心としたものへと傾斜していきます。加えて、一九世紀初頭には例えば、近代刑法学を基礎づけたチェーザレ・ベッカリーア（一七三八―九四）や功利主義で有名なジェレミー・ベンサム（一七四八―一八三二）が、合理的な法と統治システムを作ることの重要性を語ったことで、「合理的な法と統治システムさえあれば、社会は良くなる」という考えが時代の精神を象《かたど》っていくことになりました。

なぜ改革が進まないかといえば、合理的な法制度が欠けているからだ、それならば、合理的な法システムを作れば、社会はおのずとよくなる、というのがベンサムらの考えです。ある意味ユートピア的な発想です。そこでカギを握るのは、立法を担う議会だということになりますので、議会に知性ある人々が集まって合理的な新しいシステムを作れば、社会はおのずとよくなると考えられたわけです。

立法権を中心としたこの時代、行政権や司法権は、従属的なものとみなされるようになりました。「国民に選ばれていない裁判官や官僚に統治を委ねるわけにはいかない。国民の信託を受けた議会こそが、立法改革を通じて啓蒙化された合理的な社会を作り出す」という主張が説得力を持ったのです。

――そうした考えに引っ張られる形で、官僚や行政府が一種のブラインドスポットになっていったと。とはいえ、ベンサムはパノプティコン（刑務所の全望監視システム）を考案したくらいですから、行政システムに興味もあったわけですよね。

実際はそうなのですが、それが当時は立法の問題として捉えられていたのです。肝心なのはあくまでも立法権が制定する法で、執行権は粛々と合理的にそれを執行すればいいという発想でした。

――私は近代官僚制というのは、その成立の初期から、官僚を人間としては認めず、むしろロボットなりAIであることを要求するシステムだと感じるのですが、その淵源がベンサムあたりにあるわけですね。

イギリスの思想家ジョン・スチュアート・ミル（一八〇六―七三）は、『代議制統治論』（一八六一年）で代議制民主主義の理論化を行いましたが、その一方で実はドイツ好きで、その官僚制の合理性や機能性を高く評価していました。『代議制統治論』においても、議会が議

20世紀初頭の理想的監獄

論をする場であるのはいいとしても、そこではたして合理的な決定をすることができるかについては疑問を投げかけています。代議制民主主義を正当化しつつも、実は議会の能力をそれほど買っていませんでした。

代議制民主主義とは言いながらも、現実には行政権は着実に拡大し、官僚の役割が増大していったわけですから、理論と現実が乖離《かいり》してしまっています。この乖離はいまなお続いていて、今日の日本でも、法案の多くは実質的に官僚が作っていますよね。議会に立法権があるといっても、実際に立法しているのは行政権という転倒が起きてしまっているわけです。

人は腐敗する。機械はしない

――理屈の上では、行政府は「議会が作った法を

執行する部門」であるとわかってはいても、現実を見ると、実際の権力がそこにあるとしか思えない。そのズレが気持ち悪さや不信感を生み出しています。

それは、政治学の理論と現実の行政権の発達との間に生じたズレですが、現在の私たちも立法権中心の発想にあまりにも慣れ親しんできているために、肝心要の行政府のことをしっかり考えずにきてしまっています。もちろん行政学という学問は一九世紀からありますが、それもあくまでも官僚を中心とした行政システムをいかに合理化するかという関心に集中しがちで、政治システム全体における行政権の本質的な考察がなされてきたかといえばだいぶ怪しい。冒頭に挙げたロザンヴァロンが問題にしているのは、まさにこのバイアスです。

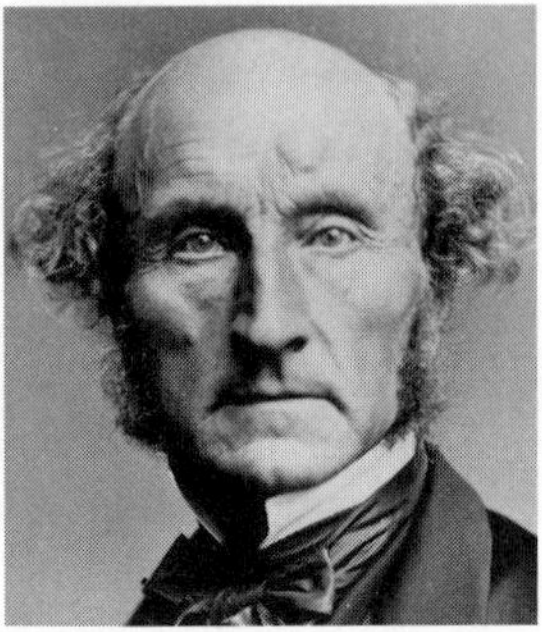

J・S・ミル

――納得感あります。

これは別の言い方をすると、民主主義を語る上で、「統治」という問題をどう扱うのかという話でもあります。統治の問題を私たちは本当に考えてきたのか、とロザンヴァロンは問います。そもそも統治という言葉自体が民主主義と相性が悪いわけです。王が上から臣民を統治するならば、たしかに統治と言えるかもしれません。しかし、人民が自ら主権者となり自治を行う民主主義において、それを、はたして統治と呼ぶべきなのかどうか。

これに対して、ロザンヴァロンは、民主主義においても統治の問題はなくならない、統治の良し悪しが重要であることにも変わらないと言います。統治の問題は、主権の所在とは切り離して考えるべきなのではないかということです。

――民主主義だから良き統治が実現されるわけではなく、全体主義的に見えるからといって悪い統治だとも限らないということですね。

それぞれの政治社会ごとに、固有の統治の伝統がありますので、政治体制のあり方とは別に、「統治のクオリティ」を議論することは可能です。そう考えると、現在は、民主主義という大テーマが掲げられてしまっていることによって、背後にある統治の問題が見えにくくなっているのかもしれません。したがって、民主主義においてもなお、「統治のクオリティ」を明らかにしていく必要があります。

――「自国がどれだけ民主的だと思うか」を世界中で調査した「Democracy Perception Index 2022」というレポートによると、アメリカで六三％、ヨーロッパで五一％の人が、「自国政府が全国民ではなく一部の国民のためにしか働いていない」と感じているそうです。つまり、過半数以上の人が、自国の「統治」に満足していないということですが、さらに、世界の民主主義国の国民のうち六六％が「腐敗が民主主義の脅威だと感じる」とも答えています。

エストニアは世界で最も先進的なデジタル政府を作り上げた国ですが、以前若林さんは、彼らのデジタル化への動機の背後には、ソビエト連邦時代の腐敗の記憶があると書かれていましたね。

――「人は腐敗する。機械はしない」という言葉を、何度か現地で聞きました。

先ほど見たように、官僚や公務員と呼ばれる人たちは、立法府が決めたことを粛々と執行する、合理的で無色透明な存在であることを期待されてきました。人間の部分をなるべく薄くして、純粋な機械になるのが一番理想であり、感情や心のブレ、ましてや個人の利害や縁故主義が入り込むのが望ましくない。中立で普遍的で出来のいい機械であることを求められてきたわけです。

けれども、実際はそうは行きませんよね。そもそも行政府を最初に担ってきたのは王とその配下の官僚たちだったわけです。実際にはきわめて属人的であり、個人的なコネやネットワークが大きな力を持っていた。そうした起源を持つものであるにもかかわらず、理屈上は、立法府の決めたことを粛々と執行するものとして理論化された。中立で透明な存在という建前が、「官僚も人間である」という現実と大きく乖離してしまった。

――とするなら、官僚制の問題は、「官僚が官僚的である」ことではなく、むしろ中立で透明であるように装いながら実はまったく官僚的ではないところにあるとも言えそうです。

官僚制を機械のイメージで捉え、私たちはそこだけを取り上げて「ユートピアだ」「ディストピアだ」と論じてきましたが、エストニアの人たちにしてみると、巨大で人間的な旧ソ連の官僚制から免れるためには機械的なデジタル政府のほうが望ましいとなる。機械のほうが解放される、自由になれるという感覚はリアルですよね。

超人政治家と精密機械

――エストニアにおける行政のデジタル化の理念は、その意味では、これまで機械ではないのに機械であることを求められてきた人間を、人間に戻してあげることにあったとも言えます。「分業による責任所在の明確さ」「権限と役職の序列化」「公的選抜による適任者の選抜」「専門領域のなかでのキャリアアップ」「ルール遵守」「非個性と画一性」。マックス・ウェーバーの定式化によれば官僚の要件はこうなるそうですが、これに耐えられる人間がほんとにいるか、正直疑問です。

ウェーバーの責任は大きいですね。官僚をめぐるこうしたウェーバーの考え方は、政治家のパーソナリティに過度に重きを置いたことと表裏をなしています。彼の政治家観では、政治家とは神々の闘争のなかに分け入って、国全体の未来を決断する存在です。ウェーバーが望んだ政治家は、きわめて主意主義的で、超人的な存在でした。一方の官僚は、その超人的な政治家の決断を遺漏なく執行していくことが望ましい、というのがウェーバーの考えです。

――超人政治家と精密機械。

ドイツは早くから官僚制が定着しましたが、それに見合う政治家たちが育たないことにウェーバーは危機意識を持っていました。ビスマルク（一八一五―九八）のような強力な政治家はいたものの、ビスマルクが圧倒的であったために後継がなかなか育たず、それがドイツの政治を不安定にしているとウェーバーは考えていました。

その意味では、政治家や官僚をめぐるウェーバーの議論は、ある意味で彼の期待感の表れであって、本当はしっかりしろと言いたかったのだと思います。とはいえ、政治家にも官僚にも、そんな人間離れしたことを求めても……と思ってしまいますよね、所詮は人間ですから。その意味でウェーバーの議論は高い理想を求めるあまり、政治家も官僚も非人間化しすぎたのかもしれません。

――官僚制はそれ自体がとてもユートピア的なものですよね。

ただ「官僚」の語も、英語では一般的に「bureaucrat」が使われますが、それとは別に「public servant」という呼び方もあります。「bureaucrat」の語源は「bureau」で「事務室」のことですから、官僚制「bureaucracy」は「事務室支配」ということですね。知識を持った行政エリートが、閉じられた事務室で勝手に色々なことを決めているというニュアンスが言葉自体から漂っています。対する「public servant」は、「公共の利益に奉仕する人」ですから、いいイメージがあります。

第2章でイギリス人は中央集権的な官僚制が馴染まないという話をしましたが、イギリス官僚制の理想は、まさに「public servant」のイメージで、名誉職のようなニュアンスも込められています。対してフランスやドイツでは、高学歴の優秀な人たちが試験を通って採用されることになり、まさに「事務室支配」のイメージに沿った集団が形づくられます。

――二〇一九年に川崎で三九歳の外務省職員が通り魔にナイフで刺されて亡くなるという事件がありました。Twitterでそのニュースに対する反応を見たら「国のために働く優秀な人が……」といった観点から同情する声が案外多く、霞が関不信は根強くある一方で「優秀な人たちが国のために一生懸命やってくれている」という一種の信託もまた根強くあるのだな、と感じました。

日本人は、伝統的に官僚をそこまで「悪いやつら」だとは思っていなかったと思います。批判しつつも、官僚こそが勉強もできる人たちで、国のことをそれなりに一生懸命考えてくれていると信じる傾向がありました。本人たちも「事務室支配」をしているとは思ってはおらず、公共に奉仕する「パブリックサーバント」だという気概は持っているはずです。このイメージもだいぶ怪しくなってきたと思いますが。

――日本には「お上」という言葉がありますが、そこに揶揄《やゆ》はありつつも、「国全体のことなんてよくわからないし、勉強できる真面目で頭のいいやつらがやってくれるなら、それでよしとしよう」というニュアンスもあると感じます。「任すよ」という信託ですね。ただ、「任せるなら、できるだけまともなやつに任せたい」とも思うので、「クラスで一番頭の良かったあいつが決めるならいいか」となる。とすれば、「試験」はとても大事で、それだけが「任せてもいい」という信頼の担保になっているわけですよね。

官僚の歴史

中国の科挙制度が、まさにそのモデルでした。中国は宋代に科挙制度を導入することで、貴族が支配する封建制を脱し、試験で選ばれた高級官吏が登用されるようになります。そして、このような高級官吏を輩出する、「士大夫《したいふ》」と呼ばれる社会層が形成されました。つまり科挙という試験制度を通じて、「士大夫」たちが国のあれこれを考えて決めるシステムに、世界でいち早く移行します。

科挙試験の熾烈《しれつ》さはよく知られていますが、中心となるのは四書五経《ししょごきょう》です。宋代に朱子《しゅし》(朱熹《しゅき》、一一三〇―一二〇〇)によって完成された朱子学には、伝統的な儒教の道徳哲学に、仏教に由来するある種の形而上学が加わっています。つまり科挙を通るということは、文学や哲学的な知識から政治学や道徳、さらには自然科学までを含めた、いわば総合学問を修めた最も優れた人であることの証明になります。

――スーパーエリートですね。

ただ、これも、どこまで公平な試験と言えるかは微妙なところもあります。子どもを勉強に専念させることができるのは、実際には裕福な名望家層に限られました。その意味で、あくまでも名望家層のなかから人材を選別してリクルートするという仕組みでした。

日本はどうかというと、中国から大きな影響は受けているとはいえ、かなり違った道筋をたどります。日本の官僚の原型は、江戸時代の侍です。侍は戦国時代まで、文字通り剣を振るって戦う軍人でした。しかし、江戸時代になって戦争がなくなると、やることがなくなります。やがて官僚として各藩の経営にあたることになり、儒学的な教養を勉強することになりました。その際のモデルとして、中国の士大夫の概念が導入されるのですが、大きな違いがありました。中国の士大夫は、あくまで試験を通ることが前提でしたが、日本の武士は世襲で、試験によって資格を得るわけではないという点です。

朱熹

徳川吉宗

ただ、江戸時代の幕府や藩には案外に柔軟性があり、徳川吉宗《とくがわよしむね》（一六八四－一七五一）の改革のように、一代限りの俸禄を与えることで、優秀な人材を引き上げることも可能でした。勝海舟《かつかいしゅう》（一八二三－九九）のように大した家の出身でなかった人が、士分を買って幕臣として出世するケースもありました。

とはいえ、血縁に基づく世襲が江戸時代の官僚組織の基本原理でした。この矛盾にやがて武士たちも気づきます。儒学をマスターしたスーパーエリートによる徳に基づく支配という、中国の官僚制を理想として思い描くものの、現実はそうではない。また、元が軍人ですので、文よりも武を上に置きたい気持ちも根強くある。こうした歴史的な経緯が、官僚をめぐる日本人の想像力を複雑なものにしています。

――武士と官僚のイメージは、錯綜していますね。江戸の下級武士がいまどきの役人やサラリーマンのイメージと重ね合わせられたりする一方で、「サムライジャパン」と言ったときの武士は、官僚としては想定されていません。

その意味でも、明治になって能力に基づく公平な試験制度による官僚制度が導入されることで、それまでの武士の仕事が、ようやくしっくり腹落ちした感じがあったのだと思います。明治以降、とくに薩長《さっちょう》のような勝ち組ではない藩の旧士族層の家庭では、子どもを官僚や軍人にさせたがりましたので、それが全国的に官僚へのリスペクトを醸成することになりました。官僚自身も、自分たちは勉強して試験を通っているのだから、国を担い動かしていく能力も資格もあるという自己肯定感を持てました。

事実上官僚化していた江戸時代の武士を土台に、明治以降は西洋をモデルに法制度を導入し、試験に基づく公平な試験制度を通して選抜された人による統治を実現しました。西洋と中国、法治と人治を日本的に組み合わせたのが、近代日本だったと言えるのかもしれません。

――面白いです。

ただ日本がややこしいのは、勉強ができる人をバカにしたくなる江戸時代からの価値観が根強く残っているところです。武士はあくまで軍人ですから、文より武を重んじる気風があります。中国や朝鮮半島ではそういう発想はなく、むしろ武人は粗野で劣った存在であり、それを文人である官僚が学問や道徳の力で支配すると考えます。これに対し、日本には学問に対する憧れはありつつも、同時に「学問だけではダメだ」という武士的な価値観がどこか残っています。このことは要注意です。

官僚の素質と編集者

――いまのお話は、武士から官僚へと仕事がスライドしていったときに、自分たちの職業アイデンティティが曖昧になっていったと理解できるかと思います。つまり「自分たちは何のプロなのか」ということです。軍人は戦争のプロだからわかりやすい。ところが官僚はいったい何のプロなのかが、いまひとつわかりません。国家経営のプロなのか、事務のプロなのか。あるいは、第2章で見たイギリスの治安判事や、イギリスの「パブリックサーバント」は、プロであることよりも、アマチュアであることに価値が置かれているようにも感じます。

それは面白いポイントです。日本を近代国家へと作り替えるためには、欧米の法制度や政治制度を学ぶ必要があったわけですが、その前提として必須とされたのは「語学」でした。東大の法学部などにはいまでも語学の天才みたいな人が多くいます。

ただ、語学といっても、外国人と交渉するための語学ではなく、むしろ、最先端の制度や仕組みを理解し、そのエッセンスを日本に導入・実装するための能力が、官僚の優秀さのメルクマールでした。なかでも英語、フランス語、ドイツ語の三つができないと話にならない。漢文の知識は明治前期まではありましたが、その後なくなり、数学の能力も長いこと必ずしも重視されてきませんでした。

そうしたことから、日本の官僚の評価の根幹には、海外の最新事例をいかに効率的に導入できるかという基準が置かれていた感じがします。海外の最新制度を学び、日本の社会状況を見ながら、それをバランスよく設計し実施していく。その能力に長けている官僚が優秀とされたという印象です。

――逆にフランスやドイツでは、官僚に求められる資質といったら何になるのでしょう。

フランスのバカロレアでは、初日から哲学をやります。デカルトやヴォルテールをちゃんと読みこなせる人文的教養が重要という発想が、フランスにはいまだに強くあります。

アメリカでも独自のリベラルアーツの観念があります。エリートになるためには文学や歴史、哲学の教養がないとダメで、その上で法学や経営学のような専門職向けの学問に進むことが期待されます。そういった感覚には、ちょっと科挙に近いところがあります。ギリシアやローマの思想や哲学を学んで、ラテン語もできないと尊敬されない、という空気はいまでも残っています。残念ながら、日本の近代官僚制においては、そうした人文的教養はほとんど無視されてしまいました。

――いまのお話を伺っていて面白いと思うのは、中国にせよ、欧米にせよ、公務員や官僚は、制度に落とし込むという点ではプロと呼べる技術はあったにせよ、政策づくりにはプロの視点よりも、むしろ幅広い教養が必要だとみなされている点です。

その通りですね。

——私は書籍や雑誌の編集を仕事にしていますが、仕事を通じて霞が関の官僚と知り合い、気の合う人とお話しして気づいたのは、案外、視点が編集者に似ているなということでした。

どういうことでしょう。

——編集者は、例えば宇野さんの本を担当していたとしても、政治学の専門家ではありません。もちろんそれなりの知識は必要ですが、作る本が変わるたびににわかに勉強して何とかする、という感じです。いい加減といえばそうなのですが、ただ、それでは専門家になるべきかというとそうでもない。「編集者は最初の読者だ」という言い方があるのですが、編集者は、言ってみれば著者と読者の間を取り持つ仕事ですので、専門性に傾いて著者と同化してはダメですし、コンテンツを度外視して読者と同化してもダメだったりします。少なくとも一般書や雑誌の編集においては、どんな分野においても、いい意味でアマチュアでないといけない。「アマチュアであることのプロ」であることが求められます。

面白いですね。特定の分野の知識をものすごく持っている編集者が、必ずしもいい編集者とは限らないですよね。編集者の価値はむしろ、著者が持っている固有な視点や知識を、社会のなかでどう有用化できるのかを考えるところにあると思います。加えて、そうした観点から、著者を社会にプロデュースすることです。

学問の専門家というのは、強固なアカデミズムのなかで洗練や卓越を競っています。ですから、それは必ずしも社会的有用性とは直結していません。むしろ、そうでないことに意義があるわけですね。それがただちに社会に役に立つかどうかは、専門家の評価基準として間違っていると思います。むしろ、それぞれの学問に、その学問なりのディシプリン（専門性）による自己規律があって、卓越の論理があります。そこにおいてプロであることが、専門家であることの誇りです。だからこそ、専門家を社会に結びつける最初の人として、編集者が存在する。

そう考えると、定期的に異動する官僚も同じなのかもしれません。ジェネラリストで、必ずしも特定の細分化された分野のプロではないけれども、管轄する職務全般について色々なことを知っていて、さまざまなネットワークも持っている。「この分野については、この人に話を聞いてみよう」とわかることも重要です。社会の潮流や時代の空気を敏感に察知して、まだ声になっていない声を聞き取ることができる。いままでのように、特定分野で欧米の最先端の知識を知っているから偉いというよりは、自らのジェネラリストとしての能力を磨いたほうが、現在の社会で理解し、評価してもらえるかもしれません。

――デンマーク政府のデジタル・トランスフォーメーションについてリサーチをしていた際に、ある政府関係者に言われたのは、まさにそのことでした。「これからの行政府は、市民と政治家の間を取り持つファシリテーターのようなものにならなくてはいけない」とおっしゃっていました。

行政とユーザー

これまでも、行政府は社会の状況を見ながら、技術や制度の最新の動向を調査して、社会のニーズに応えていくことを実はずっとやっていたわけです。その意味では、以前から国民と政治家をつなぐファシリテーターでした。ただある時期から、旧来のモデルが制度疲労を起こし、さらにそれにデジタル化が拍車をかけたことで、それまでうまくいっていたはずの行政の仕事が機能しなくなります。大きく言えば、政府が提供するサービスを市民がただ受け取るだけという一方向的な関係が変わってしまったわけですよね。

近代日本の官僚制は基本的には欧米をモデルにして、最新の制度や政策を導入するということが使命とされてきました。結果として、供給側からの視点しかありませんでした。欧米に留学して最先端の仕組みを勉強し、日本の現状と財政的余裕を見ながら具体的なプランを練り、全国津々浦々にまで一律のサービスをいき渡らせる。そのことに情熱を燃やしてきたわけです。ある時期までの日本では、輸入したモデルに必然性があり、実際うまく機能したので、決してそれが間違っていたわけではありません。

ただそのような発想に基づくサービス開発は、一定程度達成されてしまうと頭打ちになります。社会が成熟し多様化していくと、供給側が決めた内容を一方的に提供するだけではうまくいかない。

さらに、そこにデジタルテクノロジーが入ってきて、供給側とユーザーとの間にコミュニケーションの双方向性が生まれてきます。サービスを提供すれば済んでいたものが、無限のフィードバックループのなかに放り込まれ、供給側の論理で作られてきた政策が一気に破綻《はたん》します。いま起きているのは、まさにそういう状況です。行政のデジタル化が叫ばれる最大の理由もそこですよね。

――「DXって何ですか?」と海外の政府のDX担当者に聞きますと、判で押したように「ユーザー中心のことだよ」と返ってきます。つまり、これまで供給サイドを中心に作られたシステムを、ユーザー中心に一八〇度転換する、ということです。

サービスを提供する側の論理ではなく、現場で利用するユーザーの視点に立って、徹頭徹尾エンドユーザーの使い勝手を考慮し、その使われ方を見ながら逐次サービスを進化させていくことですね。

――これは、デジタルサービスの開発で用いられる「アジャイル開発」と呼ばれる開発手法が元になっていて、そこではユーザーの「体験」が重要な指標となっています。

ここで重要なのは、「ユーザー中心」と言っても、ただ黙ってユーザーの要求通りにすればいいというわけでもないことです。作る側と使う側にはどうしても違いがある。「金を払っているのはこっちだぞ」と市民に凄《すご》まれるばかりでは、行政側も立つ瀬がない。公共サービスはビジネスとも違いますから。

――そうした面倒くささを回避する上でも「民営化」は便利で割り切りやすい方策なのでしょうけれど、それだとせっかく絶妙な均衡の上に実現していたミニマムな供給も消滅してしまいます。

デジタルテクノロジーのおかげで市民の声が可視化されるようになったのはいいことですが、その一方で、市民の不満や不安も可視化されます。ある政策＝サービスを作り上げるためには、さまざまなデータや知見を取り揃えた上での検証が必要です。そこにたくさんのプロが関与します。そしてたくさんの調整や妥協も必要となります。そのプロセスがあまりに不透明になってしまっているのは問題ですが、とはいえ世間一般の知見では手に入らない情報や知識が必要となることも確かです。

そうしたなか、行政の側が「どうせわからないんだから俺らに任せておけ」となってしまうと、それはただの権威主義です。逆に、市民の声だけが優勢になり、その道のプロや専門家の意見が軽んじられるのも不幸で、生産的ではありません。

ユーザーの視点は大事ですし、ユーザーにとって使いやすい設計であるべきなのはその通りですが、コンテンツ作りのすべてにユーザーを参加させることは、実際はなかなか難しい。プロの知識をうまく活用するためにどこで線引きするのか、難しいところですね。

「官僚や公務員を人間に戻す」

――第1章で「平等化が進むと、ちょっとした違いが気になってしまう」というお話がありました。それまでは特権的な立場にいる人の発言しか社会に流通しなかったのが、情報発信の「平等化」が進み、あらゆる人の発言がフラットに可視化されるようになると、「識者」と呼ばれる人の権威性に気がついてくる。「何の資格があって、そんな上から目線なんだ」とイライラするわけです。

ただ、そのイライラもわかる部分はあって、民主主義についての議論では「市民のリテラシーの向上が大事」といったことがよく語られますが、聞くたびにこの言い方が引っかかります。というのも、統治する側のレベルに市民のリテラシーを引き上げない限りは、市民に参加させちゃダメだよね、と言っているようにも聞こえるからです。

第1章のトクヴィルの話で言うと、トクヴィルが感銘を受けたタウンシップで見られたのは、まさに特別な知識や教養がないような人たちが、「自由に援け合い」ながら、自分たちの課題を解決していく活動でした。

ところが、行政府が整備され、官僚組織が精緻化されていくと、知識や情報力、つまりリテラシーが特権化され、「自分たちでやる」はずだったものが、知識を持ったエリートたちの独占的な仕事になる。「俺たちが制度や政策を作っとくから、お前らはそれを使っていればいい」となり、本来は自分たちが解決すべき「課題」から、市民自身が次第に排除されていってしまったのではないか、ということですね。

――まさにそうです。とはいえ、例えばパンデミックへの対応といった国家全体に関わる問題を「自分たちで何とかする」のは難しいところもあるでしょうし、一口に社会課題といっても、課題によっては専門性がどんどん高まり、さまざまな領域が複雑に絡まり錯綜《さくそう》していますので、ますます高度の知識や知見が必要となってきてもいます。市民が片手間に取り組んでどうにかなるようなものではなくなっているわけですが、そうなればなるほど、市民の側は自信を喪失し、ますますイライラが募ってしまいます。

悪循環ですよね。そこで直接民主主義といっても、何も知らない市民がともかく白か黒かを判断し、あとはその数だけを数えるというのも、かなり乱暴なやり方です。実際の民意には、さまざまな濃淡があります。そこでクッションの役割を担う政党が必要になります。市民の間にある濃淡あるさまざまな声を、先ほどの言葉でいえば編集し、うまくつなぎ合わせて「大体こんな感じ」と取りまとめていく。

ただ、本章冒頭から見てきたように、いまの間接民主制において、政党による編集作業がうまくいっていません。多様な民意の編集や取りまとめの機能を担うのが、政党だけなのかも疑問です。先ほどのデンマークの専門家の言葉に従うなら、行政府が自ら市民とつながっていってもいいじゃないか、ということです。公務員というファシリテーターがここに誕生するわけですよね。

行政の本来の役割として、そうした機能はあるべきですし、そういった機能を、市民社会のなかにもっと埋め込んでいかなければならないと思います。かつては、官僚やメディアが市民の声を積極的に収集する役割を担っていたのかもしれません。けれども、平等化の波が彼らの権威を剝奪《はくだつ》し、代わりに不信と侮蔑《ぶべつ》の対象となってしまったいま、行政の役割の再定義は急務です。それだけでなく、公務員をファシリテーターとして再定義することは、公務員を非人間的な役割から解放することにもつながるかもしれません。若林さんの言葉で言えば「官僚や公務員を人間に戻してあげる」ということですね。

——海外のDX担当者に取材しても、行政DXの本質はそこにあるとおっしゃいます。ペーパーワークから公務員を解放し、社会に出て、市民ともっと対話できるようにする。「ユーザー中心」の真意は、まさにそこにあります。

ポピュリズムでもなく、権威主義でもなく

市民の声に傾きすぎればポピュリズムに陥りますし、専門家の声に傾きすぎればエリート主義に陥る。民主主義においては、選挙のように人の頭数を数えることも重要ですが、情報に重みづけをする、物事に序列をつけるといったプロの知見を活用することも重要です。それはよく言えば目利きの能力ということですが、バランスをとって専門家と市民とをつなぎ直し、政治における目利きをいかに復活させるか。これは今後の民主主義にとって、大きな課題です。

その際に、行政府のあり方から考えていくのは、私はいい道筋だと思います。政治家や政党も大事ですが、実はポイントはそこだけではないはずです。行政府の民主的コントロールがいまや重要になっています。その際に、行政でまず期待すべきなのは、基礎自治体なのかもしれません。

——市役所とかですか。

そうですね。基礎自治体は地域に埋め込まれ、市民をリアルな存在として感じている。中央が考えた政策や制度を、実際に市民に着地させなければなりませんから、間に立って一生懸命ファシリテーションをしているわけです。基礎自治体にはお金はないし、ありとあらゆ

ることをやらされて疲弊していますが、すでにファシリテーターとして活躍している方も多く、女性が多い点も重要だと思います。

――すでに「人間的な」現場があるということですね。

まさに「人間的にならざるをえない」現場の側から、いま一度仕組み全体を見直してみようというのが、「デザイン思考」や「ＵＸ（ユーザーエクスペリエンス）」といったものの本質なのだと思います。公務員が「人間」として活躍することは、行政を再定義する上でも、ＡＩ脅威論を乗り越える上でも、重要な示唆だと思います。冒頭で紹介したロザンヴァロンの『良き統治』の論点も実はここにあります。

ロザンヴァロンは、この本で二つのことを問題にしています。まず一つは、これまでの民主主義は「承認の民主主義」であって、「行使の民主主義」がちゃんと問われてこなかったということです。つまり、これまでの民主主義は誰に権限を与えるかの議論ばかりで、市民が自らの権限をいかに行使するかは十分に議論されてこなかった。

そして二つ目の問題として、ここまで見てきた通り、立法ばかりに注目が集まるなかで執行権が異様に強くなってしまい、議院内閣制であっても、首相がまるで大統領のように振舞うことが可能になってしまっていることがあります。こうした「大統領制化」は世界的な現象で、カリスマ的な人気を誇る政治家が独裁的に執行権を振るうわけですが、これは行政権が強くなりすぎてしまったことの帰結でもあります。

『良き統治』の解説に書いたことですが、ロザンヴァロンは、これまでの立法権中心の民主主義理解では、「大統領制化」する民主主義の問題をうまく扱うことができないと指摘しています。「統治」という観点から「行使の民主主義」に目を向けることを彼が促すのは、このためです。

——先に名前を挙げた文化人類学者のデヴィッド・グレーバーは『民主主義の非西洋起源について』のなかで、議会における意思決定と、平等志向の原初的なコミュニティにおけるコンセンサスによる意思決定の違いを語っています。そして、コンセンサスによる意思決定では「意思決定」と「その実施」の区別が「なし崩し」になっていると説明しています。つまり、「承認」と「行使」の区別がないコンセンサスのあり方をイメージすることを促すのですが、これは面白い論点だと思います。

よく言われる「参加型民主主義」も、従来の議論だけでは、十分にこの問題を超克できないとロザンヴァロンは考えます。具体案は乏しいとはいえ、「行使の民主主義」の重要なキーワードとして、「透明性」「ネットワークを活かした民主主義」「開かれた統治」という概念を検討しています。

——行政ＤＸと重なるキーワードです。

そうです。「行政のデジタル化」は、単なる効率化の議論ではなく、民主主義のこれからを考える上でもとても重要なテーマでもあります。次章では、この「行使の民主主義」を探究するために、行使する主体である「市民」とはそもそも誰であるかを考えたいと思います。

ロックダウン中の中国・武漢　2020年１月27日

第4章 「市民」とは誰か

首相の「大統領制化」

――前章の最後でピエール・ロザンヴァロンの『良き統治』という本について解説していただきました。そのなかで、「大統領制化」が世界で進行しているというお話がありました。日本でもこの間《かん》、安倍政権下で首相官邸や閣僚会議の権限が拡大して、国会が蔑《ないがし》ろになっていったと指摘されています。これはロザンヴァロンが語る「大統領制化」として説明しうるものなのでしょうか。

日本の経緯を簡単に説明しますと、こういうことになります。元々、日本の総理大臣は、ものすごく孤立した存在でした。もちろん大臣の任命権はありますが、各大臣はいったん任命されますと、各省の大勢のスタッフがついて、その省の代表としての側面が強く出てきます。

ところが、首相自身のスタッフはごくわずかでした。首相が何か政策を作ろうと思ったとしても、自前で動かせるスタッフをあまり持っていなかったのです。大臣の任命権があり、内閣の大きな方向性を出すことはできても、実際に手を下すためには各省庁にやってもらうしかない。うまくいかなければ、大臣を交代させる以外に手段がありませんでした。

昭和の間はそれでよかったものの、平成になってこれではまずいということになり、「行政改革」が行われます。そこで強化されたのが、内閣官房と内閣府で、ここに多数のスタッフが各省庁から集められました。首相の問題意識に即して、色々な組織を作れるようになっていきました。

アメリカの場合、例えば連邦予算局は大統領の直属です。そうした形に多少なりともならい、遅まきながら日本も内閣府を作って、首相の問題意識を直接反映できるようになったのです。これも大きく言えば、大統領制化と言えるのかもしれません。アメリカの大統領モデルに従えば、予算編成権も財務省ではなくて首相直下に置きますので、それをなぞった形で設けられたのが「経済財政諮問会議」です。財務省に代わって、予算編成や財政の大枠を首相自身がイニシアチブを取って決められるようにすることが、その目的でした。

同じように、感染症対策など時々の課題に対応する組織を作ることも、省ではなく庁のレベルであれば、フットワーク軽く実行することができる。「こども家庭庁」「デジタル庁」は、まさにそれですね。首相がやってる感を演出するために組織を新設していると批判もされますが、これを上手に使えば、首相自身がイニシアチブを取って重点政策を動かすことができます。それも大きな意味で、大統領制化だと言えるかとは思います。

――世界的に権威主義的体制の国や指導者が目立つようになってきたことと、「大統領制化」の趨勢は関係があるのでしょうか。

首相を含めた執行権の主が強いカリスマ性を持ち、それを強力なテクノクラート集団が支え、議会を骨抜きにしながら政治的な変革を主導するというモデルに、いま世界の国々が多かれ少なかれ向かっているという見通しがあります。

ただ、ロザンヴァロンの説明を読むと、彼はフランス人ですから、ナポレオンからド・ゴール（一八九〇―一九七〇）までのフランスの文脈における「大統領制化」が念頭にあるようです。

――どういうことでしょう。

第３章でお話しした通り、革命後のフランスは立法権の時代で、いい立法を実現すれば世の中は良くなる

ナポレオン

と考えられていました。そこで国民議会をはじめ、さまざまな議会が召集されていきますが、実際はなかなか機能しない。大混乱に陥ったあげく、総裁政府からやがてナポレオンが台頭し、民法典制定を含めて合理主義的な改革を断行します。官僚や行政権をバックにして、強大な独裁権限を持った執行権が出てきたわけです。

ド・ゴールもこれとやや似たところがあります。議会が機能不全に陥り、大きな危機に見舞われたときにパッと出てきたのがド・ゴールです。一九五八年にフランスがアルジェリアの植民地をめぐって大混乱に陥ったとき、フランス解放の英雄であり軍人でもあったド・ゴールが、クーデターに近い形で第四共和政を転換し、大統領の権限がきわめて強い第五共和政を作り上げ、それが今日にまで至っています。現在フランスの大統領の任期は五年になりましたが、一九九九年までは七年でした。

こうして見ると、フランスの大統領はいわば皇帝に近い存在です。大統領は立法権とは別に大統領令を発令することができる。非常に強力な集権体制です。フランスを救った英雄ド・ゴールの強力なカリスマ性と強力な官僚制・行政権力の融合が、この体制を作ったわけです。ロザンヴァロンが大統領制化というときにイメージしているのは、このような体制です。

——「強力なカリスマ＋優秀なテクノクラート」の組み合わせは、好き嫌いは別にしても安定感はありそうです。

エリート任せから参加へ

ここで近現代の歴史をもう一度振り返ってみようと思います。というのもロザンヴァロンの議論の前提には、ジャン＝ジャック・ルソー（一七一二−七八）がいます。ルソーは、イギリス人は自由だと言うけれど、それは選挙の日だけであって、選挙が終われば元の隷従状態に戻ってしまうと書きました。選挙が終わったら有権者のことなんか忘れてしまうような政治家に政治を任せていて、本当にイギリス人は自由なのか。そうルソーは問い直したのです。

ルソー

政治家は選挙のときだけ「主権者は皆さんです。あなたの一票が国の将来を決めます」と言っておきながら、選挙が終わればすぐ忘れてしまう。有権者のほうも選挙に行くだけでも面倒くさいので、終わった途端に「あとはよろしく」となってしまう。悪い言い方をすると、有権者のことをなめている政治家と、サボりたい有権者が手を組んだのが、いまの民主主義だとも言えてしまいます。

――本当ですね。

「投票日以外は、知らぬ存ぜぬ」でいいなら、民主主義とは、選挙の日に「この人たちに権力を委ねるよ」という承認スタンプをポンと押すだけのことでしかない。こうした現実を踏まえて、有権者による「統治」は本当に可能なのか、という問題意識が出てきます。

実際に第二次世界大戦後に出てきた民主主義論は、シュンペーター（一八八三―一九五〇）のエリート民主主義論をはじめ、有権者が自分で政治を決定するのは無理だという前提に立っています。有権者にできることは、せいぜい誰に政治をやらせるかを決定するくらいで、具体的な政策を決定する能力など持っていないというわけです。シュンペーターのエリート民主主義論は、もっぱらエリートたちを競争させることが民主主義の実質であるとしています。

現在の民主主義も、結局はそういうものになってしまっているのではないか、それは立法権中心の民主主義論が陥っている罠《わな》ではないか、というのがロザンヴァロンの問題意識です。国民の代表者が議会で決めた法律を実行すればそれでいい、という立法権中心の民主主義モデルを強調しすぎたために、国民は、何年かに一度しかない選挙の日だけは政治主体になるけれど、それ以外の時間にはほとんど無力です。「承認の民主主義」の陥穽《かんせい》ですね。

しかしながら、本来の民主主義は、日々有権者が政治的に影響力を行使することを可能にするものではないか。選挙の日だけではなく、日常においても有権者が政治に影響を与えられるべきではないか。ロザンヴァロンはそのように考えて、「行使の民主主義」を語ったわけです。そこで彼が具体的に思い描いていたのは、執行権に対する民主的なコントロールに市民が参加することでした。

つまり、選挙の日だけでなく、執行権をつねに監視し、責任を追及する。オンブズマン的な機能のみならず、情報やデータを公開させて、それを使って有権者が日々意見を言っていく。さらに、「こういう課題に対しては、こういう対策がある」といった問題提起やソリューションの提案まで、市民が行政に対して提案する。それが可能になることを、ロザンヴァロンは「行使の民主主義」と言いました。

――具体的なアイデアとしては、どのようなことが挙げられますか？

ロザンヴァロンは「行使の民主主義」の三つの柱として、「政府活動と制度の透明性の番人となる民主的機能評議会」、「公共政策の決定や行政組織の実務あるいは各分野での公的議論の開催に関して、それぞれの民主的な質の評価を担う公共委員会」、「統治者の監督を専門とし、市民の政治関与の促進、市民の教育、あるいは市民への情報提供の仕事を行う市民的監視団体」を挙げています。

ロザンヴァロンの議論について、議論の筋道には賛同するのですが、具体案がやや抽象的で、「三つの柱」にどの程度リアリティがあるのかなと思ってしまいます。真剣に考えると、いずれも面白いのですが。

――ソーシャルメディアについても所々で触れていますね。ソーシャルネットワークを一種の「フォーラム」として政治に介入させることで、世論に形を与えることの可能性なども語っています。また、「行使の民主主義」では、政府と市民の相互作用が実現されなくてはならず、それを「意思表明と相互作用の民主主義」と言い換えてもいます。この相互作用という言葉も、インターネットがもたらす「双方向性」と結びつくところもありそうです。

ここではロザンヴァロンを抽象的だと非難するよりは、これを受けて私たちが何を考えることができるのかに目を向けたいですね。いま若林さんがおっしゃった「相互作用＝双方向性」は、『良き統治』では「応答性」という言葉で説明されています。政府が市民の声やニーズにどれだけ鋭敏でいられるかが肝心であり、それに応えることを権力者に対して義務化することで、市民の権力は保持されるとしています。ロザンヴァロンは「社会の意思表明」のための方法の重要性を説くのですが、背景にあるのは、デモをはじめとする直接的行動に重きを置いた、これまでの方法が歴史的に衰弱しているという観察です。

保守の融通無碍さ、左派のコレクトネス

――「社会の意思表明」の方法を、現在のメディア環境のなかで基礎づけ直す必要があるとも書かれています。

政治と世論ということで言いますと、かつての保守政治家は、よくアドバルーン（観測気球）をあげましたよね。自民党の金丸信《かねまるしん》（一九一四―一九九六）さんとかが得意でしたが、とりあえず言ってみせるわけですね。

――それで反応を見る。

みんなが反発したり、揉めたりしそうだったら、「やめておこう」と即座にひっこめる。感触が良さそうだとなると、一気に強行突破する。そうやって世論の潮目が変わる瞬間を観測するわけです。かつての政治家はこれを一種の芸としてやっていましたが、いまの政治家にその肥やしがあるかどうか。双方向性をソーシャルメディアが肩代わりできるのか、というのは一つのポイントです。

日本では歴史的に自民党のほうが、そうした世論とのキャッチボールが巧みで、さまざまな調査を介して世論の波やうねりをうまく摑《つか》まえてきました。新しいメディアを通じた有権者とのやり取りにおいても、どちらかというと保守のほうが巧いのは、日本に限らず世界的

な傾向ですが、政治と世論をつなぐツールとして、デジタルメディアを左派政党がうまく使いこなせるかどうかは、一つの大きなカギかもしれません。

――なぜ左派はうまく使いこなせないのでしょう。保守勢力と比べて、押し並《な》べて応答性が低いような印象はありますが。

たしかに保守のスタンスはある意味融通無碍《ゆうずうむげ》で正解がない。やれることをやると割り切っているところがあります。それに比べて左派政党は「かくあらねばならない」という正解、つまり理念がある。そして、その正解や理念をどう国民に理解してもらおうか、という発想からなかなか抜けきれない。仮に国民に理解されない場合、国民が悪いとまでは言わないけれど、自分たちの答えが正しいことは譲らない。結局のところ、「わかっている」人たちのなかで閉じてしまう。

逆に融通無碍な保守は「いまだったら、人々はこれに関心があるな。だったらこの政策を出してみよう」といった立ち回りができる。これは、世の中でウケそうなこと、バズりそうなことばかりを追ってつまみ食いの政策展開です。まさに悪しきポピュリズムですが、昨今の世相を見ていると、保守の融通無碍さと、左派の硬直的な「コレクトネス」の文化が大きな分断線になってしまっています。

――これは、それぞれの根本的な社会観の違いに由来するのでしょうか。

ある程度は、そう言えると思います。ロザンヴァロンは社会党系の左派知識人ですが、ポピュリズム的な世論の盛り上がりに対して、「それはいかがなものか」とチェックを入れて、世論の民主的な質を高めたいという願望が垣間見えます。ただ、いったい誰が、何を基準に民主的な質を評価するのかという問題は残ります。これは質の高い世論、これは質の低い世論と、誰が何を基準に決めるのか。

——たしかに。

そういう意味で、ロザンヴァロンにも「正しい答えはある」という前提があるように感じます。

——民主主義のあり方としてはどちらが正しいのでしょう。民主主義における「正しい答え」を何としてでも追求するのが民主主義なのか。それとも「社会が望むこと」を、それがどんな内容であれ実現していくことが民主主義なのか。

後者のように、「世の中の人が好むもの、喜ぶものを提供すればよいのであって、人気が出ないことはやらなくていい」という割り切った態度も、それはそれでありうるでしょう。

一方で、左派的な立場では、近代社会にはリベラルで民主的な諸原則があると考え、それを何としても実現しなければという使命感がある。差別的な言説やマイノリティを抑圧する政策、権力分立を否定する動きに対して、それが仮に社会で支持されるとしても、必ず批判をしなければならない。それは私としても共感するところであり、世の中でバズったことを反映するだけが政治であるとは思いません。

ただ、そこには人を枠にはめようとする教条的な傾向が潜んでいます。というのも、そもそも近代社会には、それまでの人類の長い歴史にはなかった新しい概念がたくさん導入されています。例えば「人権」というものが、その最たるものです。

右派の人たちが「人権」を蛇蝎《だかつ》のごとく嫌って、左派を「人権教」と呼んで反発するのも、人間の本性的には自然な反応です。自分の身内や仲間の権利を大切にしたいと思うのは人間の本性ですが、その権利を自分の仲間ではない人間や、よその国の名も知らない人間に対しても等しく拡張するとなると、直感的に抵抗を感じます。

とはいっても、その直感にだけ従っていると、不条理な差別や抑圧が起きたり、戦争が起きたりして大変な思いをすることになります。そこで、動物的な本性には反するけれど、人権は最低限認めたほうがよさそうだという合意をどうにか作り、その合意を積み重ねることで近代社会は発展してきました。とはいえ、どうしても腹にストンと落ちきらない部分はある。であればこそ、何かのはずみにそれが暴発してしまいます。

――「プラグマティズム」（実用・実験主義）の祖の一人とされるオリヴァー・ウェンデル・ホームズ（一八〇九―九四）の言葉だったと思うのですが、「自由はあなたのためにあるのではなく、あなたと真反対の意見の人間のためにある」という一節を以前読んだことがあります。いい言葉だなと思いはするものの、それを実行できる自信は到底持てません。せめて自分を戒める言葉として持ち歩くくらいがせいぜいです。

人権や、三権分立は大切と言われると「その通りだ」と頭では思います。ただどこか腑に落ちないので、機会があるとやはり反発したくなってしまうんですね。

シトワイヤン vs ブルジョワ

――腹落ちしないということで言いますと、個人的に一番しっくりこないのは、「市民」という概念です。先ほどのルソーの話にあったように、選挙で一応市民の責務を果たした気分にはなるのですが、でもそれだけでいいのかとも思います。じゃあ公共のためにボランティアでもするかといえば、そんな時間があったら仕事したいかもと思ってしまいます。

「日頃から社会をより良くするために何か活動をしてください。そうすれば良い市民になれます」と言われると、違和感はありますか。

――私は、先に出た宇野さんが言うところの「サボりたい有権者」でしかありませんが、人によっては参加を求めても、現実的な理由から参加が困難な場合も多くありそうです。となると「市民」は、経済的にも社会的にも余裕のある人しかなれないことになってしまいます。

ド・ゴールと支持者たち

これも古典的な議論で、ルソーが展開したものです。『社会契約論』（一七六二年）でルソーは、「シトワイヤン」と「ブルジョワ」は似ているように見えるけれど、実は違うと言います。どちらも語源的には「都市に暮らす人」という意味で、日本語にすれば「市民」ですが、「シトワイヤン」が古代の都市国家に由来し、都市の運営に主体的に参与していく人々を指すのに対して、「ブルジョワ」はただ都市に住んでいるだけの人々を意味すると、ルソーは言います。

「シトワイヤン citoyen」は、フランス語の「cité 都市」と同じ語源です。古代の都市国家を想起させる言葉です。一方の「ブルジョワ bourgeois」の「bourg」は、ブランデンブルクとかストラスブールといった地名で使われる「burg/bourg」で、中世のお城の意味です。つまり、城壁に囲まれた中世都市ですね。そこに商人などが集まり、だんだん自治権を持つようになる。ルソーは、「ブルジョワ」を「城の中にただ住んでいる人」という意味で使っています。そのような「ただいるだけ」のブルジョワは、都市国家の運営に主体的に参加して意思決定に加わっている「シトワイヤン」とは区別されます。

このルソーの考えは、いまの日本にもそっくりそのまま当てはまりますよね。例えば「私は八王子市民です」と言うとき、単に八王子に住民票があるくらいの意味でしかなく、主体的にさまざまな公共活動に勤《いそ》しむ「市民」とはズレているわけです。だからこそ、ルソーは、

ヘーゲル

それを混同してはいけないと言うわけです。

ところが、フランス革命後には、「ルソーは「本気になって都市国家の市民として頑張ろう」と言うけれど、みんな忙しいんだから、市民としての仕事はパートタイムでいいいんじゃないか」といった反論が出てくるわけです。

――昔からある議論なんですね。

はい。選挙によって市民の責務を果たして、あとは選んだ政治家に任せましょうと。市民は公務を自分ではやらなくて、代わりに人にやらせる。

――現実的といえば現実的です。

発想としては、それもありだとは思うのですが、どうしてもルソーが提示した「全面的に社会に参加する市民」というイメージが、亡霊のように付きまといます。

さらにそこに、「ブルジョワ」という言葉を独特に採用した哲学者ヘーゲル（一七七〇―一八三一）の市民社会（bürgerliche Gesellschaft）論が登場します。そこでヘーゲルは、ブルジョワの経済活動によって生み出される、人々の欲望の体系としての市民社会を言い出すので、さらに混乱に拍車がかかることになります。

いまでも、「市民」という言葉には、ルソー的な古代の都市国家に依拠した「政治に主体的に参加する人（シトワイヤン）」という意味と、「単にそこで暮らしている人」、あるいは「経済活動に専念している人たち（ブルジョワ）」という三つの概念が混在しています。

日本の市民運動

――昔から気になっていることなのですが、政治主体として市民である自分と、経済主体として日々働く自分が、どう重なり合っているのかが、ずっとわかりません。「労働者」という言葉に現実感があった頃は、経済主体である自分と政治主体である自分がちゃんと重なり合っていたのだろうと想像するのですが、生産よりも消費に社会経済構造がシフトしていくなかで「労働者である自分」にリアリティが失われていくと、それらがどんどん重なり合わなくなり、どんどん乖離していっているように感じます。

マルクス主義では本来、「市民」あるいは「ブルジョワ」という言葉は否定的なイメージで使われていたのですが、一九五〇～六〇年代の戦後日本では、「市民社会」論が独特な形で展開します。そこで「市民」とは、「経済活動を通じて自立した人々」という肯定的な意味に転化していきました。普段は職業生活を営み、経済的に自立して、その独立性を基盤に、政治に対してものを言うことが望ましい市民の姿だと考えられたのです。

それに加えて公害問題、いまでいう環境問題が大きく社会化したことで、社会的な問題に生活者として主体的に関わることの重要性が強調されるようになりました。こうしたイメージが、戦後日本の市民像に大きな影響を与えています。「市民運動」という言葉を使うときのイメージは、これだと思います。

――そこでは、日々の経済活動が公共的な活動としてリンクしているという感覚があったのでしょうか。

戦後の日本では、職業を通じて経済活動をしっかりやっていれば、立派に社会の一員だとみなされました。とくに戦後の復興期や高度経済成長期には、人々は仕事を通じて社会に参加しているという実感を強く持てたと思います。仕事をすることこそが、市民の責務といった感覚ですね。仕事をすることと市民としての責任を果たすことがワンセット。いまは、そんな感覚はもはやないですよね。

――むしろ仕事は、市民活動と対立するものとしてイメージされていそうです。

「プロ市民」という言葉は、その意味でも面白いですよね。「プロ市民」は現在では、市民運動とか市民活動ばかりやっている人を揶揄する言葉ですが、その背景には「なんかこの人たち胡散臭《うさんくさ》い。どこかから金をもらって活動しているに違いない」という疑念があります。意地の悪い見方ではありますが、とはいえ「市民運動ばかりやっていられる人はどこか生活に困らない、優雅な暮らしをしている人に違いない。その優雅さはいったいどこからくるのか」と訝《いぶか》しんでしまう。

日本の戦後の市民運動を支えたのは、サラリーマンやその主婦でしたが、次第にそうした人たちに対して「市民運動をやるだけの余力、余裕はどこから来るのか？」という疑念を帯びた眼差しが付着するようになってしまったのですね。

――経済活動と市民活動の乖離をめぐっては、それをつなぎ合わせる存在として、「社会起業家（アントレプレナー）」と呼ばれる存在が注目されてもいます。

以前、『民主主義のつくり方』という本でも書きましたが、社会起業家の存在は、一つの新しい可能性を示したと思っています。大企業から給料をもらって、その余裕と余暇のなかで活動に勤しむというかつての市民像に対して、「企業活動自体が一つの社会運動である」という観点から、プロの経営者マインドを持って、社会的な課題を解決するための事業を展開する。しっかり経営としての実績もあげる。こういう新しいビジネスパーソンの姿は、とても新鮮でした。

社会起業家が社会を良くしていくというのは新しいビジョンではありますが、それができる人はごく限られています。徐々にハードルが下がっているとはいえ、日本のように起業が文化として根づいていないところでは、なおさら難しさがあります。

――アメリカで生まれた「B Corp」という民間の企業認証制度があります。これは社会的・環境的公正を実現しながらビジネスを行っている企業に与えられる認証で、パタゴニアやダノンといった企業がB Corp取得企業として有名です。

このB Corpはまさに「ビジネスを、社会を良くするための力として使う」ことを掲げた、それ自体が社会運動でもあるのですが、調べていくうちにわかったのは、これが基本的には「経営者」に向けたメッセージだということでした。「アントレプレナー精神をもって働く」というメッセージは、暗にあらゆるワーカーに「アントレプレナーになる」ことを迫ります。アメリカではリアリティがあるのかもしれませんが、日本人の感覚からするとかなりハードルが高い。

市民活動のモデルを社会起業家にしてしまうと、どうしてもそうなってしまいますよね。「一億総アントレプレナー」で社会が成り立つかというと、そうもいかない。経営者の個人的関心として社会的課題を追求していくことにも限界があります。このモデルからだけ新しい市民像を打ち立てることができるかといえば、難しいかもしれません。

ファンダムはアソシエーションか

――二〇二二年に『ファンダムエコノミー入門』という本を制作したのですが、これは「ファンダム」がデジタル時代のアソシエーションを考えるきっかけになるのではないかと感じたからです。日本では「推《お》し活《かつ》」という言い方が一般的ですが、特定のアイドルやアニメ、ゲーム、映画などを熱心に応援するファンの集合体を英語で「ファンダム」と総称します。

そこで面白いのは、ファンがもはや一方的にコンテンツを消費するだけにとどまらず、自ら解説動画を作ったり、絵や小説や音源を二次創作したり、外国コンテンツであれば他国語字幕をつけたり、ファン同士でお金を持ち寄って応援広告を街中に掲出したり、といったダイナミックな活動が行われていることです。ファン同士のコミュニティが成長し、かなりの規模の経済圏が生まれつつあります。

若林さんは、そこに現代のアソシエーションの萌芽があると見たわけですね。

――希望的観測としてはそうです。SHIBUYA109エンタテイメントが二〇二二年に行った調査では、Z世代の実に八〇%以上が「推し活」をしていると回答しています。五〇～八四歳女性の三五・二%に「推し」がいることを、やはり二〇二二年にメルカリが行った調査は伝えています。また、Paidyというeコマース用ウォレットサービスが一八～三九歳を対象に行った調査では、八割以上が推し活を通して「ポジティブな変化があった」と答えています。つまり世代差はあれど、日本人の相当数が「ファンダム」に、何らかの形で関わっていると言える。良い面ばかりとは言えませんが、これはもはや大きな「趨勢」と呼んでいいのではないかと感じています。

趣味を通じてみんなとつながり、何かを共有していく。そこで生まれる関係性やアイデアの力は大きいですよね。今日にもし「アソシエーション」があるとしたら、NPOだと言いたくなります。ただトクヴィルの論点に即して言うなら、孤独な個人がなかなか周囲とつながれない状況で、遠いところにいる個人と「推し」を通してつながっていく、それを通じて関係性を構築する経験を重ね、習慣化している点で、たしかにファンダムのほうがよほどアソシエーションにふさわしいかもしれない。

基本的にはファンダムというのは、アニメやアイドルといった「推し」を中心に、不特定多数の人たちが集い、みんなで語り合ったり、二次創作をしたりしていくわけですね。そこには単に受け手としてだけではない積極的関与もあり、しかもすごい密度で相互にやり取りがなされていく。ファンダムを、トクヴィルの言う個人主義を乗り越えるアソシエーションとして捉えることは十分に可能だと思います。

消費から創作へ

――ファンダムの面白いところは、まずは一元的に消費するだけの存在ではない点です。つまり、消費者でありながら自分で推しの情報を発信したり、グッズを作ったり、二次創作をしたりといったアクションを通して、生産者としても存在します。これは、ソーシャルメディアのなかでは全員が受信者でもあり発信者ともなるという構造と同じです。とはいえ、推しの対象は明確な商品ですから、勝手に二次制作すると著作権や肖像権の侵害となります。

ところが、ここで面白いのは、ファンと、俗に「公式」と呼ばれる商品の製造元との関係性です。これまで、消費者は一方的に情報や商品を受け取るだけの存在でしたが、双方向型のメディアが登場することで、その関係性が変わりました。ファンダムは、いまや企業にとって最も重要な顧客ですから、無下《むげ》に扱うことができなくなり、ファンは「公式」における監視役としての役割を担う格好にもなっています。この関係性は、先ほどロザンヴァロンが提起した、権力の「応答性」や、市民との間の「双方向性」といった議論にも重なり、彼の語る「市民的監視団体」をファンダムが集合的に担っていると言えなくもありません。

ぜひ考えてみたいのは、まず「消費者的な市民像」なるものを考えられるかどうかということです。かつて消費者というのは不当にさげすまれていました。消費者は主体的ではなく、受け身の存在であると考えられたのです。

ところが、若林さんに薦められて読んだヘンリー・ジェンキンス（一九五八－）の『コンヴァージェンス・カルチャー』（二〇〇六年）でも論じられているように、ファンはみんなで批評したり、二次創作したり、あるいはファンイベントを主催したりと、自発的なクリエイティビティと強い能動性を持っていることがよく示されています。

それでは、その消費者像が古典的な、それこそルソー的な意味での市民像に行き着くのか、というのが非常に重要なポイントだと思います。

――はい。

第3章で少し触れた「ユーザー中心のサービス」といった考えは、ファンダムの考え方とも通じています。例えば、行政の変革で語られる「デザイン思考」とは、行政サービスを供給する側の発想ではなく、エンドユーザーとしての市民の立場から考えるということですよね。

さらに行政サービスの消費者である市民の生の発言や行動からフィードバックを得ることによってサービスの質を上げていく。これまで供給者目線で議論してきたのを消費者目線に変えることで行政を変革しようというのは、まさに消費者たる市民こそが行政の質をよくするという議論なので、「消費者的な市民像」の一つの可能性はそこにあります。

――消費者が専門的で内部的な情報にも比較的簡単にアクセスできる環境が生まれ、かつ消費者の意見やアイデアが可視化されるようになってくると、供給側から自分たちに都合のいい情報を発信するだけでは済まなくなっていきます。むしろ最初からオープンに消費者に情報を開示してしまったほうが、恥をかかずに済む。

消費者も「意識が高く」なっていますので、安くて便利なら何でも買うわけではなく、例えば「フェアトレード」や「環境負荷」の観点から、賢い消費をしようと関心が高い。消費を通じて社会に何らかのインパクトを与えようというわけですね。悪く取れば消費者の自己満足ともなってしまいますが、これが大きな力になれば、企業や国家の意識に対する牽制となって、変化を促す可能性もある。

――こうした「アクティビズムとしての消費」は、まさに先ほどお話しした「B Corp」の基盤にある考え方です。

そうだとすれば、消費者としての市民に、新たな市民像の脈があると思います。ただ、この種の議論にはどうも落とし穴があるような気もします。はたして行政サービスは消費の対象なのか。

――そうなんです。賢い消費をすることで、よりよい企業や行政サービスを市民の側から作り出していくというアイデアは、よく「消費は投票」という言い方で説明されます。ここでも結局「選挙」のアナロジーになることが個人的には違和感があります。所詮は数の論理か、と。一方で、デザイン思考は、本来はそうではなかったはずですが、供給側が消費者側に立ったふうを装った、ただのマーケティング手法に成り果ててしまっているところもあります。

負の側面ですね。

推し活＝贈与する消費者

――ファンダムが面白いのは、資本主義とはつかず離れずの立場にいながら、それとは別の原理で、情報やサービスが交換されているところだと感じます。ファンは字幕（ファンサブ）を作ったり、イベントを主催したり、広告を打ったりと、さまざまな活動をしますが、それをなぜやるかというと、それが「推し」のためになると考えるからです。かつ「推し」のためにやることが、自分が所属するファンダムに喜ばれる。

つまり、そこで行われているのは、一種の贈与交換なのですね。というのも「推し」やそのファンのためにやっていることですので、そこで金銭を求めることを忌み嫌う文化があるからです。「金のためにやってんじゃない」という一種の矜持ですね。ですから仮にファンが作った絵や音源がファン同士で売買されることがあったとしても、それは作った人への応援の意思表示に近く、その意味では、相互的な贈与に近い感覚があるとされています。そこで行われる交換は、コミュニティへの貢献に対する感謝が強いわけです。

レピュテーション（評判）・エコノミーということでしょうか。

――そうした側面もありますが、重要なのは、レピュテーションを高めたいからやっているわけではないという点だと思います。結果として、ファンダムのなかで、貢献度の高いファンの知名度や権威性や経済的価値が上がっていくことはありますが、それが目的というわけでもない。

メタバースをめぐる議論のなかで、「没入感」についてこんなことを読んだことがあります。「没入感は、コミュニティへの貢献度に比例して高まる」。これがまさにファンダムの原理なのだと思います。実際に何か行動を起こすことだけでなく、「推し」の動画を何度も見ることすらも、再生回数の増加に貢献するという観点から「コミュニティへの貢献」になり、「貢献した」という実感がさらに「推し」への没入を促すという構造になっています。

実体験として、そういった体験はありますか？

——私はK-POPや韓国ドラマが好きですので、ファン動画もよく見ますが、なかにすごく編集がうまい人がいたり、音質にとてもこだわってくれる人がいたりします。そうした人のYouTubeチャンネルを登録したりすることはよくあります。「ここまでやってくれて、ありがとう！」という感じで、あまりコメントしたり、いいねを押したりはしませんが、ファンをファンとして応援している感覚はあります。

面白いですね。消費者も市民たりうるということの例として、先ほどデザイン思考、賢い消費者、変革を促す消費者のお話が出てきましたが、若林さんからすると、いい話には聞こえても、何か嘘くささも感じてしまう。「ニーズに応える」とか「賢い消費者」といったところで、結局マーケティングに回収されてしまい、消費者が完全な主体性を持つことは難しいのではないか、ということですよね。

これに対して、ファンダムというのは資本主義的な回路に乗りながらも、その原理とはまったく異なる贈与の原理に従って、ファンのコミュニティの内部で主体性の発動があると見ているわけですね。

――「賢い消費者」で言いますと、まず「賢い」という言葉に教条性や排他性を感じてしまいます。「頭良くないと参加できない」「バカは消費者としても失格」というのは、結局のところ「市民」という概念が、先のシュンペーターのエリート民主主義と同じ前提に立っているように感じてしまいます。

その点、ファンダムは、各々がやりたいことを自発的に好き勝手にやっていて、基本的には自己満足だけれども、それで何が悪いんだということですね。行為が評価されれば、自分の地位が高まる。レピュテーション・エコノミーのなかでの地位が上がるかもしれない。でも、別にそのためにやっているわけでもない。誰かに「いいことあるよ」と言われてやるのではなく、ともかくやりたい。これこそが純粋な贈与であるし、純粋な自発性であると。その意味で、ファンダムだから個人の主体性は保たれるし、インクルーシブな空間ともなりうるわけですね。

相互依存するケアへ

――もちろん、それが即座に民主主義に貢献するわけではありませんので、そんな綺麗《きれい》な話ばかりではありません。ただ、ファンダムを駆動しているメカニズムで重要なのは「自分がギブしたものをゲットしてもらう喜び」なのだと、認知科学者でファンダムの研究をしている岡部《おかべ》大介《だいすけ》（一九七三―）さんは語っています。つまり自己満足だけではない。ゲットしてくれる人がいて、初めてギブが意味を持つということですので、双方向の関係性です。その意味で、受け取る側は「ゲットすることでギブしている」ことになるんですね。

ここには、ここまでアソシエーションの原風景としての「自由に援け合う」空間があるように見えますし、あえて飛躍しますと、『民主主義のつくり方』のなかで展開された「相互依存性」や「ケア」の論点と何か共振し合うものがあるようにも感じます。

『民主主義のつくり方』では、岡野八代《おかのやよ》（一九六七―）さんの「ケアの倫理学」の議論を参照しつつ、「人間は他者に依存せずには生きてはいけない」という事実から目を逸らすことが、深刻なバイアスをもたらすと主張しました。近代の政治思想のモデルにおいて、「自立した個人」からなる社会を構想するにあたって、「依存」は悪であり、子どもや高齢者、障害者などを手助けする活動は、そこからは排除されてしまいました。

――加えて、こうも書かれています。「問題なのは、このような思考の下、人間がもつ脆弱性《ぜいじゃく》が見失われたことである」と。

そうでした。ファンダムと関係しますか。

――と思います。というのも、ファンダム空間では、他者に依存している感覚が強く発動しているように思えるからです。先ほども「ギブがゲットされる」ためには他者が必要だとお話ししましたが、それが連鎖していく格好で、お互いに教え合ったり、助け合ったりといった活動が見られます。そうした営みが持続していく前提として、自分がすべてをわかっていたり、すべてを自分でやれる存在ではないことが共有されていると感じます。「脆弱性」の共有というか、「誰か一人が全部を知っているわけではない」という前提のもと、「みんなで情報を共有し合えば、より多くのことを知ることができるよね」という場になっている、と。

一人ひとりは断片的な情報や能力しか持っていないという意味では脆弱な存在だけれども、その情報や能力も誰かにとっては意味のあるものになるかもしれないし、それが紡ぎ合わされていくことで、ファンダム全体が豊かになっていくと。

――つまり、そこが「学び合い」の空間になっているということです。先ほどお話しした認知科学者の岡部さんは、「自分たちで活動を組織したり、必要な道具を自分たちで揃えて、その使い方を学んだり、あるいは必要な人を呼んできてネットワークを組み、ある目的に向かって行動したりすることを通して、関係性の構築の仕方や道具との関係性の持ち方を身につけていく」ファンの動きが、「知識習得」ではない「インフォーマルな学び」という概念に近いと分析しています。

だから、脆弱な自分をインフォーマルな学びに晒していく「学びの場」として、ファンダムは機能しているのではないか、と。実際、研究者のなかで注目されているのは、学びの場としてのファンダムの構造が、その外側でも使えるのかどうかです。

何か具体的な例はありますか。

スキルの伝達

——例えば、『アバター』（二〇〇九年）という映画にナヴィ族という架空の部族が登場します。そのナヴィ族はナヴィ語という架空の言語を映画内で使用するのですが、『アバター』のファンダムに、そのナヴィ語の研究をやっているグループがあり、みんなでナヴィ語の辞書を作ったり、文法を解析したりしています。そのグループに言語学者も参加していまして、言語学者がそこで興味を持っているのは、ファンダムにおけるナヴィ語の学びの構造を、例えば消滅が危惧されている少数言語の保存に役立てることができないかということです。あるいは『コンヴァージェンス・カルチャー』の著者ヘンリー・ジェンキンスは、ファンダム内の学びのプロ

ジョン・デューイ

セスやスキルの伝達が、社会参加や政治参加の文脈で有用だとも語っています。

スキルの伝達ですか。

——誰かが「こういうことをやりたい」と言ったときに、コミュニティ内からワッとアイデアが出てきて「こういうやり方があるよ」といった情報がワッと共有され、さらに実践した人たちから「こっちのほうがうまくいったよ」と報告がなされ、コミュニティ全体の体験や知識、能力が蓄積されていくことです。

なるほど。わかってきました。ファンダムで重要なのは、知識そのものではなく、それをどうゲットするかを含めた、経験に基づいた学習の技術だということですね。それをどうやってコミュニティのなかで広め、エンパワーしていけるか。

——はい。

トクヴィルが語ったアソシエーションとは、人が集まって、自由に援け合う技術を相互に教え合って、共有していくというものです。孤立した脆弱な個人が、アソシエーションに入ることを通じて、お互いに「こういうときはこうしたらいいんだよ」ということをみんなで教え合い、それを喜びとして分かち合うことで、「技術」を一人ひとりが身につけていくことができる。これこそが孤立した個人が、再び能動性を持った市民として社会で活躍するためのステップになるというモデルですよね。そう考えると、ファンダムも政治に応用できる話ですね。

――私は、それが宇野さんが『民主主義のつくり方』で論じた哲学者ジョン・デューイ（一八五九－一九五二）の教育観にもつながるのではないかとも感じています。この一節です。「より重要なのは、人々がともに行為し、経験を共有することであった。その意味で、民主主義社会を打ち立てるために、人々が共同して働くための技法を広く教育によって提供していくことが大切である。〔中略〕デューイにとって経験とは生涯にわたる学習の過程であった」。

教育と言ったときに、知識の伝達に主眼を置いた近代型教育ではなく、むしろ、そこからこぼれ落ちてしまう経験に基づく技術、「人々が共同して働くための技法」と捉えるなら、デューイが考えていたことにもしっくりと当てはまりそうです。

土地所有者→ブルジョワ→賃労働者→消費者→ファンダム

ここまで時間をかけて、消費者的な存在がいかに主体性を獲得し、市民になれるのかというお話をしてきましたが、政治思想の流れから言っても、これは正当な問いの立て方であり、きわめて可能性のある議論だと思っています。

その理由を政治的主体の変遷からざっと見てみましょう。儒学には「恒産《こうさん》無き者は恒心《こうしん》無し」という言葉があります。誤用とも言われますが、一定の土地財産を持っている人だけが、政治的主体になれるという意味でしばしば使われます。土地所有者こそが政治主体であるという発想は、中国だけでなく西欧にもある時期まで確固としてありました。つまり、人が正式な市民になるための経済的基盤は、まずは土地所有だったわけです。

ところが、そのうち「なんで不動産を持っている人間だけが市民になれるんだ」「動産ではダメなのか」といった議論が出てきます。近代になり、経済活動が活発化することで、新興のブルジョワ層が市民として政治参加するようになっていきます。不動産は持ってないかもしれないけど、お金は持っている人たちも、社会のステークホルダー（利害関係者）であるとみなされ、市民として政治参加することが認められたわけです。

さらに次のステップは、給与所得者は市民になれるのかが争点となりました。つまり勤め人ですね。いま思うと当然と思えるかもしれませんが、一九世紀にはこれが真面目に議論されました。

——勤め人の何が問題だったのでしょう。

給与所得者はお金をもらって働く。それは、お金をくれる人に支配されていることを意味するのではないか。そのような給与所得者にはたして市民にふさわしい主体的な判断ができるのかと議論されたのです。

――賃労働者に主体性はない、と。面白い議論です。

最終的には、給与所得者も市民になれるということになります。給与所得者だからといって、雇用主に隷属しているわけではない。契約上、対等な関係に立っているわけだから、給与所得者も十分に主体的になれるという理屈です。

給与所得者はOKということになったところで、今度は何が議論になったかと言いますと、まさにここまで話してきた「消費者」です。これもはじめは、消費者は受動的なものであって、政治的な主体性は認められないという議論が主流でしたが、やがて「消費者も十分に市民たりえる」となっていきます。そのきっかけになったのが、例えば生活協同組合、いわゆる「生協」の活動でした。つまり、消費者が自分たちが日々食べたり、使ったりしているものに対してより意識的になることで、いわば消費を通じて社会に働きかけるという運動ですね。それで、消費者運動というのは十分市民的かつ政治的なものであり、社会に参与する立派な方法だと認められていきます。

ただ、生協などの協同組合組織を作って活動するのは、いわば古典的なモデルで、二〇世紀後半に世の中が多様化すると、生協などの協同組合では組織化されない、孤立した消費者が出てきます。

組織化されず孤立した、まさに資本主義の産物であるバラバラの消費者がどんどん増えていくわけです。そのような消費者を市民としてどう位置づけるのかは、実際難しい問題でした。そうしたなか、消費者のなかから、消費を通じて主体性を発揮し、相互に支え合いを実現していくような人たち、すなわちファンダムが出てきている、というのがここまでの議論です。

このように歴史の展開を見ていきますと、組織化されないまま自律分散的に活動するファンという存在が、実は新たな主体性を持ちうる可能性を秘めていて、それを積極的に理解すべきだという考えが出てくるのは自然です。かつての市民運動が力を失いつつある今日、ファンダムがデジタル社会において新たにアクティブな市民像を提供してくれるのではないか。それは政治学の歴史に沿った、きわめて正統的な議論たりえます。

オタクと左派

――ファンダムの議論で一つ重要なのは、実はファンダムが長年さげすまれてきた存在だったという点です。その重要性に目をつけたのは、一九八〇～九〇年代の、いわゆるカルチュラルスタディーズの研究者たちだとされています。彼らが最初にファンダムを分析するのに用いたのは、フランスの社会学者ピエール・ブルデュー（一九三〇―二〇〇二）の文化資本、社会資本、経済資本のフレームでした。

海外のファンダムにおいて顕著だったのは、ファンダムを構成している人たちが、文化資本も経済資本も社会資本も低い人たちだったことです。公式な「ハイカルチャー」へのアクセスがないので、テレビ、漫画、映画といったジャンクな消費カルチャーにしかアクセスできない。その意味で海外のファンダムには、最初から階級的な要素が含まれていました。

逆に言えば、そこは最初から民主主義的だったとも言えますよね。ハイカルチャーへのアクセスを絶たれている人たち同士がつながって社会に参加していくわけですから。

――その意味で、K-POPが巨大なファンダムの後押しを受けて、白人文化がずっと主流を占めてきたアメリカでメインストリームになったのは、大きな転換だと思います。

文化における階級闘争がそこにはあるのですね。ただ日本の場合、いわゆるアニメファンがフェミニストたちと対立するといったことも起きています。ファンダムがどちらかというと右寄りの勢力と親和性が高いことをどう考えたらいいのか。ここでもやはり右派のほうがデジタル環境と相性がいいようにも見えます。

――例えばSFのファンダムは、初期の頃は、非常にミソジニスティック（女性蔑視《べっし》的）な空間だったと言われています。フェミニズムの観点からSFを書く女性作家は、さんざんな目にあったそうです。『スター・トレック』オタクの人たちは「トレッキー」と呼ばれますが、その女性蔑視的なカルチャーに嫌気がさした女性ファンたちによって、自分たちを「トレッカー」と名乗る分離運動が起きたとヘンリー・ジェンキンスは語っています。

BTSのファンダムは、BLM（ブラック・ライヴズ・マター）への連帯、反トランプ、ダイバーシティの称揚といった価値観を旗印としていますし、『スター・ウォーズ』のファンダムが、ディズニー社に多様性の重要性を会社として表明しろと迫って会社を屈服させたこともあります。他方で、ファンダムを見事に政治化して大統領にまで上り詰めたトランプのような例もありますし、白人至上主義団体の活動手法もファンダムそのものです。ファンダムの運動内部の原理自体が民主主義的だからといって、それが必ずしも政治思想としての「デモクラシー」に結びつくとは限りません。

ファンダムカルチャーの面白いところは、先ほど若林さんがおっしゃったように、批評性があるところですよね。メインストリームのものを揶揄したり、パロディにしてバカにしたりするというのは、批評性があることの現れです。ただ、これが現在はどちらかというと、左翼的で教条的ポリティカルコレクトネスに対する揶揄に向かっています。ファンダムカルチャーがそもそも持っている批評機能が、必ず右派と結びつくものではないとすれば、ハイカルチャーから排除された階級闘争の側面や、白人中心文化に対するクリティカルな姿勢が、今後新たに左派と結びつく可能性も十分にありえます。

ファンダムに示されている参加型文化や、相互に贈与し合いながら集合的な知性を育んでいく技術を使わない手はありません。オタクはみんな右派だといって扉を閉めるのでは、あまりにもったいない。

二人のファンダム大統領

――ドナルド・トランプは、リアリティショーやプロレスに関わるなど、ファンダムの原理を非常によく理解していたというのが、ヘンリー・ジェンキンスの分析です。本人が複数のファンダムを持っていたのも強力でした。ただ、ファンダムのすべてがみんなトランプを支持するわけではありません。

ファンダムが大統領を生み出してしまったというのは、あらためて考えると歴史的な事件ですよね。それは決して偶然ではないと思います。ここまであまり現実政治に焦点を当てずに話をしてきましたが、デジタルテクノロジーの浸透が必然的にそれを召喚したのだとも言えます。そして二〇二二年のロシア・ウクライナ戦争以降、さらに注目すべき事例が出てきたわけですが、それがウクライナ大統領のヴォロディミル・ゼレンスキー（一九七八―）です。

――ゼレンスキーは元々がコメディアンですが、ウクライナの政情を描いたドラマで一気にスターになりました。番組内で彼が所属していた政党は「Servant of the People」（国民の僕《しもべ》）という名前ですが、それが政党もろとも現実世界に飛び出して、政党名もそのままに大統領になってしまいます。

ドラマの内容が政見放送の役割を果たし、視聴者はドラマで観た内容が現実で起きることを期待したと言われていますので、リアルとフィクションが完全に一体化して、しかも、現実がフィクションを後追いするという格好になったという意味でも衝撃的ですし、ロシアの侵攻が起きてからのメディア攻勢、ソーシャルメディアの使い方などは、ファンダム的な手法を巧みに踏襲したように見えます。実際、西側世界、とりわけリベラル層をまたたく間に虜《とりこ》にし「ファン」に変えてしまったわけですから。

ゼレンスキーという政治家が本来、どのような思想を持っていたかはわかりにくいところがあります。その歴史的評価もまだ確定していません。それでも、メディアが現実政治を動かし、リアリティショー的な世界が現実を乗っ取る流れは今後も続きそうです。そうした観点を抜きに、「政治的動員」はもはや考えられないのかもしれません。

――かつてであればテレビはテレビ、小説は小説、ラジオはラジオ、レコードはレコード、映画は映画、電話は電話といったように、メディアチャンネルがきちんと分けられていました。

いまはスマートフォンとインターネットによってその境目がなくなり、融合してそれぞれの領域が溶け出してしまった状態を「コンヴァージェンス（融合）・カルチャー」と呼びます。

それが生み出すカルチャーがなぜファンダムと相性がいいかと言いますと、ファンは「推し」と出会うためにメディア間をまたいで、自由に動くからです。そうやってメディアのコンヴァージェンスが起きた状態では、もはやメディアチャンネル自体の価値は失われ、価値はチャンネルをまたいで出会うに値する「推し」だけに宿っていきます。

ジェンキンスは、かつて右派と左派で争っていた政治が、やがてファンダム同士の争いになっていくだろうと一九九〇年代に予測したそうです。その観点から見れば、アニメオタクとフェミニズムの戦いは、特定のアニメファンダムと、例えばBTSやK-POPファンダムの抗争と見たほうが妥当なのかもしれません。ウクライナの戦争も、ゼレンスキーはメディア・コンヴァージェンスが浸透したファンダム文化のなかで戦争を戦っているのに対し、プーチンは二〇世紀のメディア環境に最適化された文化のなかで戦っているとも言えそうです。

コンヴァージェンス・カルチャーのなかにおける政治では、「推し」になる人物が誰かいればよく、そこではもはや、かつてのようなイデオロギーが対立軸とはなりません。そうした環境において、いかに現代的なパブリックオピニオンの民主的な質を評価したり、向上させたりしていくかが重大なテーマになります。

――先ほど「動員」という言葉が出ましたが、動員という概念は、政治の文脈で言えば、戦争か選挙に容易に結びつきます。ファンダム的な文化の手法がそこに向かうと、これまで以上にない危険な状況が生み出されるのは、白人至上主義団体や原理主義団体の台頭を見ても明らかです。ですから、私は「政治＝選挙＝動員」という定式からいかに離れたところでファンダムという趨勢を乗りこなすかが重要だと感じています。それは、逆に言えば、本章で議論してきたように「政治＝選挙＝動員」というバイアスを相対化しうるヒントが、ファンダムにはあるのではないかということでもあります。

まさに「ファンダム」という薬を、「行使の民主主義」といかに結びつけるかということですね。指導的な知識人が「これは良い」「これは悪い」と決めていくやり方ではない。みんながお互いに援け合いながら学び合っていく空間を、「政治＝選挙」の外にどうやって作っていくことができるか。「行使の民主主義」とファンダムが重なり合うところにこそ、これからの民主主義の可能性があるのだと。次章ではさらに、民主主義の新たな実践について、とくにプラグマティズムの視角から考えてみたいと思います。

ゲーム・エキスポでコスプレイヤーを囲むファン
中国・上海新国際博覧センター、2020年7月31日

第5章　分断を超えるプラグマティズム

――前章で、ファンダムと、それを作り上げる環境としてのコンヴァージェンス（融合）・カルチャーというお話をしました。私がこれを面白いと思ったのは、実は宇野さんの『民主主義のつくり方』を読んだことがきっかけでした。

それは意外です。

――私が『民主主義のつくり方』を読んだのは、大変遅ればせながら、コロナ下の二〇二〇年のことでした。そのちょっと前に、台湾のIT担当大臣のオードリー・タン（一九八一－）さんにインタビューする機会をいただきました。ちなみに、第4章で紹介した『コンヴァージェンス・カルチャー』には、オードリー・タンさんの推薦文が寄せられています。こんな文章です。

「参加型テクノロジーによって、私たちはメディアのリテラシーだけでなくコンピテンシー

オードリー・タン

（実行力）を手にした。本書はこのことを全世代に知らしめた。私たち自身のメディアと物語（ナラティブ）を社会的に作り出すことが集団的な覚醒へとつながるのだ。本書で描かれる現象は、「ひまわり運動」など台湾で目下進行中の民主化プロジェクトを支えているものである。「達成可能なユートピア」というビジョンを通じて、私たちはロックダウンなしでパンデミックに、テイクダウンなしでインフォデミックに反撃できたのだ」

参加型のテクノロジーがもたらした文化が、台湾における新しい民主化運動のドライバーになったということですね。

――はい。ただ、こうしたことはインターネットが出てきた当初から語られてきたので、それを読んでも特段目新しいものだとは感じませんでした。というのも、そうした「参加型テクノロジー」がトランプを大統領に押し上げ、社会を衆愚化していくばかりに思えてもいましたので、デジタルテクノロジーをめぐるこのような楽観的な言説を、話半分にしか聞けない感覚も正直ありました。

リテラシーからコンピテンシーへ

若林さんがオードリーさんにインタビューしたのは、デジタルを用いた台湾のコロナ対策についてでしたね。

――はい。そのインタビューのなかでも、彼女は先の推薦文にもあった「リテラシー」と「コンピテンシー」の対比をこう語っていました。

「私たちは「リテラシー」という言い方をせず、「デジタルコンピテンス」、および「メディアコンピテンス」と呼んでいます。「リテラシー」という言い方は、ユーザーが読者や視聴者といった受け手であることを前提としているからです。

対してコンピテンシーは能力や適性という意味ですが、「あなたがつくり手である」ということを意味しています。デジタルネットワークのなかでは、スマホで何かを撮影したい人は撮影をして、瞬時にみんなと共有することができます。ここで、みんながつくり手であるという前提に立てば、情報の共有についてその人が能動的に考えることができます。それが社会にも生産にも役立つスキルなのだということを体感して、かつ、誰もが民主的にさまざまなソースにアクセスできるようにすることが大切です」

リテラシーは受動、コンピテンシーは能動。いいですよね。

――ところが、私はここでもまた「よくある話ね」と軽く聞き流してしまいました。私が宇野さんの『民主主義のつくり方』を読んだのは、まさにそのインタビューを公開した直後で、そこで宇野さんは、ルソー型の民主主義から、アメリカのプラグマティズムを基盤にした「実験の民主主義」への移行を語られていました。私は、それを読んで、オードリーさんの語っていた「リテラシーではなくコンピテンシーを」というテーゼが、ようやく理解できたように感じたのです。

非常に興味深い読み解きです。

――ファンダム研究の第一人者であるメディア研究者のヘンリー・ジェンキンスさんにも、このことを訊《たず》ねたことがあります。「私たちは「リテラシー」の時代から「コンピテンシー」の時代に移っていっているのではないか」と訊ねたところ、こんな答えが返ってきました。

「「コンピテンシー」という言葉は、何かを「する」ための能力を意味する言葉で、私は好きです。私たちは「リテラシー」という言葉が示す通り、「読むこと」をとかく重視しがちです。Web2.0以降のネットワーク文化の構造は基本的に、私たち自身がメディアコンテンツを生産し、流通し、消費スキルを持っていることに依存しています。「リテラシー」という言葉に「能動的な主体」といったニュアンスが含まれないのであれば、「コンピテンシー」という言葉がふさわしいのかもしれません」

私が『民主主義のつくり方』において提案した「ルソー型の民主主義」と「プラグマティズムの民主主義」の対比を、若林さんは、「思考」や「意志」を中心に据えた「リテラシー」に対する、「行動」「実行」「する」ことを中心に据えた「コンピテンシー」という対比に置き換えたということですね。

——はい。勝手ながらしっくりと腑に落ちました。

ルソーの一般意志の外へ

ルソーが考えた民主主義における重要なコンセプトは、「一般意志」と呼ばれるものです。これをどう解釈するのかについては、多様な議論があります。社会を構成するのは個人ですが、バラバラな個人の意志の単なる集計としてではなく、社会が真に一体になったときに「共通の自我」が現れるとした上で、その共通の自我の意志のことを、ルソーは「一般意志」と呼びます。

当然、社会に「共通の自我」があるのかという話になりますし、「一般意志」をめぐっても色々な解釈がなされてきました。とはいえ、社会における共通の意志の支配という意味で、それは究極の理念であり、市民間の多様な対話を通じて、少しずつでもそこに近づいていくことを理想として語ったと解釈すれば、インターネットにおける検索アルゴリズムといったテクノロジーを通して抽出される人々の思考や感情に「一般意志」を見ることも可能です。私たちが考える民主主義というのは、この「共通の意志」という考えに強く拘束されています。選挙制度をめぐる諸議論や、「熟議民主主義」といった議論も、大もとには、ルソーの「一般意志」のイメージが強く作用しています。

――「社会の声」といった言葉にも、そのイメージが強く反映されています。

第3章で話の出た「世論」が重要であるとされるのも、そこに「共通の意志」が映し出されていると考えられるからです。それを言い表した言葉が「民意」です。

ところが、このイメージで民主主義を語り続けていても、現在民主主義が陥っている隘路《あいろ》を抜け出すことができないのではないか、という思いが個人的にずっとありました。それが『民主主義のつくり方』のモチーフとなっているわけですが、ルソーの「一般意志」とは別に、民主主義を想像するためのもう一つの可能性を、プラグマティズムという一九世紀アメリカの思想に求めたというのがあの本の成り立ちです。

それでは、いったいプラグマティズムとはどういう思想なのか。日本ではプラグマティズムは「実用主義」や「道具主義」と訳されることからもわかる通り、理想や考え方はどうであれ、「結果よければすべてよし」とする哲学として理解されることが多いかもしれません。その意味で浅薄な哲学だという偏見がいまなお根深くあります。しかしながら、プラグマティズムを理解する上で重要なのは、それがアメリカを真っ二つに分断して戦われ、民間人を含め七〇万~九〇万人にのぼる死者を出した南北戦争（一八六一－六五）の荒廃のなかから生まれた哲学だということです。

――まさに分断の時代の産物。「南北戦争とは何よりもまず、自らこそが絶対に正しいと信じて、信念を共有しない人々の存在を許さないイデオロギー的な対立の産物であった」と、宇野さんは書かれています。

第2章でトクヴィルが、「平等の国アメリカで将来内戦が起きるとしたら、奴隷システムに基づく南部と奴隷システムに依存しない北部の経済構造の違いに起因することになる」と予見していたと話しました。奴隷制に依存するかしないかによって経済構造が変わり、それがゆくゆくは政治的な信念の対立につながり、内戦を引き起こすかもしれない。トクヴィルはそれ自体を「平等化」という趨勢のなかで起こると見たわけです。

つまり、「平等」をめぐる考え方の対立が、この戦争の根源にあったと考えることができるのですが、プラグマティズムの思想家たちは、信念の対立がもたらした深刻な惨劇を前に、「人間の信念」という厄介物とどう向き合うかを真剣に考えました。

プラグマティズムは、人が何かを「信じようとする権利」を最大限に擁護することを、思想の基盤に置きました。彼らがユニークだったのは、人が何を信じようが構わないし、それが「真理」であるかどうかも必ずしも重視しない立場を取ったことです。その考え方の背後にあったのは、何が真理であるかを最終的に証明することは不可能であるという考えです。人は何らかの行動をするにあたって、自分の信念が正しいかどうかを論証する前に、決断し行動しなくてはならないと考えました。

――理念と実践を不可分のものと考えたわけですね。

彼らは、人間は考えがあるから行動するのではなく、行動する必要があるから考えを持つ、と考えたのです。そしてその行動によって得られた結果をもって、さしあたり、その理念が正しかったかどうかを検証することができるとしたのです。

――「結果がよければそれでよし」とする思想だと誤解されるのは、その部分ですね。

ここで重要なのは、彼らは信念を、個人的なものでも内面的なものでもないと考えていたことです。プラグマティストは、それを社会的なものだと考えたのです。そして信念が個々人の間で共有され社会化していくための媒介として「経験」や「習慣」を重視しました。人々が多様な「経験」をして、それが繰り返されることで「習慣」が形成されます。その「習慣」はやがて一つの規範に収斂《しゅうれん》していく。逆に言えば、社会が更新されていくためには、新しい習慣が作り出される必要があるということです。

――日々の生活のなかで新しい行動が定着したり、旧い習慣が廃れたりしていく。そうしたダ

イナミズムのなかに、社会のなかで選び取られてきた理念・思想が現れるということですね。

日々のさまざまな実践を通じて、多様な習慣に基づく理念・思想の生成を前提に、私は「単一の意志の優越」に基づく民主主義ではない、「実験の民主主義」を提案しました。

——間違ってもいいから、まずは行動してみる。哲学者の鶴見俊輔さんはプラグマティズムを「マチガイ主義」と呼びましたが、宇野さんは、そこに「実験」という名を与え、民主主義の一つのモデルとして提案されたわけですね。

チャールズ・サンダース・パース

第4章でちらりと哲学者ジョン・デューイの名前が出ましたが、彼はチャールズ・サンダース・パース（一八三九—一九一四）、ウィリアム・ジェイムス（一八四二—一九一〇）、オリヴァー・ウェンデル・ホームズらと並ぶプラグマティズムの重要思想家の一人です。プラグマティズムを最も民主主義に引きつけて考えた人物でもあります。

彼は人々の間で理念が共有されるだけでは不十分で、より重要なのは、人々がともに行為し、経験を共有することだと主張しました。第4章で話した通り、デューイが「人々が共同して働くための技法」

を一人ひとりが身につけることこそが、民主主義社会における教育の柱だと考えた背景には、こうした思想がありました。

Do it with Others の習慣

——アメリカの精神を体現する言葉の一つとして「DIY」という言葉があります。「Do it Yourself」の略語で「自分でやる」という意味ですが、デジタルカルチャーにおいても、これはずっと重要なキーワードとなってきました。それまでは一部の企業か政府関係者にしかアクセスできなかった大型コンピュータのスキルや情報が、PCが登場したことによって、誰にでもアクセスできるようになり、出版から音楽や動画の制作まで、自分一人でやることが可能になりました。スティーヴ・ジョブズ（一九五五－二〇一一）がインスピレーションを受けたとされる書物『ホール・アース・カタログ』（一九六八－七一年）が、PC時代のDIY精神の象徴だと思います。

そうしたDIYツールとしてのPCがインターネットにつながり、ラップトップ、スマホ、タブレットの登場でモバイル化し、さらにソーシャルメディアやクラウドサービスが登場することで、「DIY」の概念は拡張されていくのですが、そこで生まれた新しい概念に「DIWO」というものがあります。

開拓時代の棟上げ式に集う家族たち　アメリカ・ミシガン州、1903年

DIWO？

なるほど。

——「Do it with Others」の略語で、「他人と一緒にやる」という意味です。

——これは、二〇〇六年のロンドンで始まったオンラインコミュニティ「Furtherfield」が提唱したとされる概念で、「ネットワークメディアを利用して、既成のアート界組織や市場、草の根の芸術家や活動家のプロジェクト、社会的に活動するソフトウェア開発者のコミュニティ等の境界を越えて、つながりを作り、知識を共有することで起こる芸術を創造、探求、育成、促進する」ことをうたっています。

彼らは、VisitorStudioというバーチャルスタジオを作って、多くの参加者がインターネット上でリンクし、リアルタイムでアートを制作・配信できるようにしました。参加者は、自分が作成したファイルや見つけたファイルをミックスやリミックスしたりして、共通のデータベースにアップロードします。それを他の参加者が検索し、いじったり、リミックスしたりすることもできます。作品を作りながら交わされるライブチャットも、パフォーマンスの一部とみなされます。

こうした参加型の制作プロセスは、のちに「オープンイノベーション」という言葉で、ビジネスや行政の世界にも浸透していきますね。

――はい。このFurtherfieldはとくに一般化もしませんでしたし、いまとなっては、とくに目新しい提案ではないのですが、こうした参加型の創作環境が廃れてしまったのかと言えばそんなことはなく、そこで提案されたことは、ゲームの世界ではかなり仕組み化され、一般化しています。とりわけオンラインゲームの世界を見ますと、YouTubeやTwitchのような動画配信プラットフォーム、Discordのようなソーシャルプラットフォームが連動した、かなり複雑なエコシステムが存在し、それが当たり前になっていて、子どもたちはそこでDIWO的環境に日常的に接しています。

ゲーム空間では、まさに最初は理念的に構築されたDIWOというアイデアが、それと意識されることなく日常化しているということですね。プラグマティズムの言葉を用いるなら「習慣化」がすでに起きているということになります。

――Furtherfieldは、「天才的な個人に基づく芸術の神話」とは対極にある「コラボレーション」に文化的価値を見出しました。超越的な個人に社会の意思が集約されるというロマン主義的な世界観が根強く信仰されるアート界で、中央集権に対抗するこうした運動が起きるのは納得なのですが、面白いのは、このカウンター・ムーブメントがアート界のなかではさしたる影響力は持たなかったにもかかわらず、そのアイデアがむしろハイアートから阻害されてきた、ゲームやアイドルといったサブカルチャーのなかで習慣化されていったことだと思います。

公式な「ハイカルチャー」へのアクセスがないために、テレビ、漫画、映画といった消費カルチャーにしかアクセスできない、文化資本も、経済資本も、社会資本も低い人たちが、ファンダムを構成していたという話が第4章にありましたね。階級的な断層がそこにはある、と。

——ハイカルチャーの側においてDIWOのようなコンセプトは、いまでは「全然そんなこと起きなかったじゃん」とただの理想論として、もはや誰も気恥ずかしくて語らないものになってしまっています。ただ、そうした言説の外側で、DIWOといった言葉が使われることもなく、それがとっくに巨大な趨勢となっていて、すでに「習慣化」しているわけです。

私もファンダムの現実を知って、実はかなりの衝撃を受けました。インターネットの初期の頃に人々が見た夢が、まったく予期しないところで現実になっているじゃん、と。「未来はすでにここにある」というわけですね。同じことは、まさに政治学についても言えます。政治学で死角になっている場所にファンダムが現れていて、これまでの政治学のフレーミングを変えてしまう、新たな趨勢がすでに動いている。ユーチューバーが国会議員になっているような状況は、こうした観点を含めて見ていく必要がありますね。

Doから始まる参加

――私がＤＩＷＯという言葉を持ち出したのは、ここにもう一つ見落とされている論点があると感じているからです。それは「Do」という言葉をどう理解するのかという点です。ＤＩＹでもＤＩＷＯでも、大事なのはDo、つまり自分で「やる・する」ところです。考えていてもダメで、やらないとダメ。そこにプラグマティズムとつながる重要なカギがあるように感じます。

リテラシーとコンピテンシーの対比もまさにそこですよね。オードリー・タンさんが「リテラシー」の代わりに「コンピテンシー」という言葉を使うのは、「君はどんな政治的知識を持っている？」とか「どれだけ民主主義について勉強している？」という問い方ではなく、例えばコロナ対策のような課題を前にして、「あなたは何ができる？」とみんなに問うことで人々の参加を促すということですよね。

これまでの私たちが当たり前に考えてきた民主主義というのは、「みんながDoする」といったときに、やることといったら投票に行くか、デモするくらいしかなかった。民主主義というのは本来、自分も参加して決定を行い、だからこそ責任を取るというものだった。参加と責任の間の距離がもっと短くて、色々なことを自分たちで「する」というDoの部分にこそ実感があった。それなのに、現在では民主主義というと、投票に限られてしまっている。

いま、多くの人が投票に行かないことを正当化するつもりはありませんが、気持ちはわからないでもない。これが民主主義だと言われても、その手応えがない。自分で参加して決めたとも思えない。応答性のない民主主義が、魅力的に見えないのも当然ですね。

「あなたは何を知っているのか？」と聞くのではなくて、「あなたに何ができるのか？」と聞いて、「こういうことできるよ」と応答して、みんなで力を合わせる経験が日常的にできる。そういった参加のチャンネルをどう開発できるか、ということですね。

――例えば「参加型」といったときでも、これまでのリテラシー重視の社会の考え方でいくと、いちいち参加の「資格」を問われているように感じてしまいます。人が選挙に行かなくなっているのは、そこでいちいち「リテラシー」が問われているように感じて、そこに気後れしてしまうところがあるからではないでしょうか。選挙の前になると、候補者について「ちゃんと勉強しよう」ということがよく言われますが、それを聞くたびに「勉強しない人は選挙に参加する資格なし」と言っているように聞こえてしまいます。

それはよくわかります。学生たちに「選挙に行かないの？」と聞くと「何も知らないから政治に参加する資格がない」という答えがよく返ってきます。政治に参加するのは、すごく知識がなければいけないとみんなが思っている。それでも私としては、選挙に行って一票を投じてほしいとは伝えるのですが。

――「自分の考えを表明しろ」「意見を言え」と問われると誰でも気が引けてしまいますよね。

そこを例えばオードリー・タンさんは「何ができる？」と問うわけです。そう聞かれたら、「何かできることがあるかも」と思えてくるかもしれません。

それはそうですよね。意見を戦わせて「熟議しよう」と言われても、みんな黙ってしまうか、あるいは逆に論破合戦になってしまう。

「民意」から「やってみる」へ

――資格の話でいうと、私は最近よくこういう話をします。例えば、誰かが「バンドやりたい」と言い出したとします。そのときに、言い出しっぺの人がギタリストで「ビートルズをやりたい」と考えていたら、ベースとドラムともう一人ギタリストを探しますよね。たくさんの人が集まってきたら、選別が必要ですから、誰がポールにふさわしいか、あるいはリンゴに合うか、といった基準が設けられます。そしてその基準に基づいて「資格」が設定されます。

なるほど。

――言うなれば適材を選ぶということです。こうした選別は、一般社会ではごくごく当たり前のことですが、これって見方を変えるとただの「分業」ですよね。

たしかに。分業に基づいて、目的の達成に対して最も効率的・合理的な人を選別する。そこに「資格」が発生する。

──そうした考え方と、DIWOやオードリーさんが語る「コンピテンシー」とは少し違う観点に立っている気がしています。DIWOは、むしろ「ビートルズをやりたい」といって集まった人が、手拍子しかできない人でも、リコーダーしか吹けない人であったとしても、それで何とか「ビートルズをやってみる」という考え方に立ちます。

最近言われる「自律分散型組織」（DAO）をイメージする上でもこれは大事な点ですが、「何ができる？」という問いから始めて、その場にいる人たちが「できること」をどう紡ぎ合わせていくのか。それこそが、コンピテンシーに基づくデジタル民主主義の考え方だと思います。さらに重要なのは、そうした考えに立つと「何もできない人はいない」と考えられるようになるという点です。

先のファンダムの話で言えば、応援していることも立派な参加・貢献になる、と。

──Doの交換として「参加」を捉え直すと、「人の話を聞くこと」といった受動的な行為もアクションとして価値となり、貢献になる。「インクルージョン」という概念は、本来こうした視点に立たないと成立しないはずです。

「何もできない人はいない」というのはいいですね。『民主主義のつくり方』で強調したのも、まさにそれです。これまでの民主主義論では、「一般意志」なるものがどこかにあって、その意志を実現するために民主主義があると考えられてきました。これに対して、そうではないプラグマティズム的な民主主義の考え方もあるのではないか、という問題提起をしたかったのです。

あらかじめ存在している「民意」なんていうものは存在しない。だから、みんな自分の力の及ぶ範囲内で何らかの実験をして、それに何の意味があるかについては、あとから考えればいい。このように考えるのがプラグマティズムです。この考え方だと、「Doすること」に対しての敷居がものすごく下がる。さらに、誰かが何か魅力的なことをやれば、周りの人もそれにつられてやりたくなる。それが習慣として横につながって広がっていく。気づいてみれば、革命なんかやらなくても、「面白いね」の連鎖から社会の仕組みが変わっていく。プラグマティズムの思想を活用することで、ある意味で楽天的なストーリーを描くことが可能になります。「何もできない人はいない」のです。

誰もが思い思いに何かやってみて、動いてみる。とにかく何かをしてみようと行動のほうに比重を置くという意味で、プラグマティズムには意味があったと思います。

ただ留意したいのは、プラグマティズムは「それぞれ好きなことをやってみよう」「とりあえずやってみて」と言いますが、それをどうやって紡ぎ合わせていくかが、実は難しいということです。単に多くの人が「面白い」と思った物事が広がっていくという考えには、数の暴力が潜んでいます。ここに、多様性の包摂をめぐる難題があります。

最初からあらかじめ決められた席があって、例えば、A席、B席、C席、D席という指定席に対して、一応の競争性を取り入れたとしても、それで真の意味でのインクルージョンが実現できるわけではありません。決められた席について、そこに座るのに適任なのは誰かという考えに立っている限り、包摂の理念は実現できませんよね。

——はい。

それに対して、「Do」に力点を移すことで、「何もできない人なんていない」という見方を初めて導入できる。誰しも何かはできるはずなので、この人はこれができる、この人はこれができる、というのを組み合わせていって、何か新しい働き、共同の営みみたいなものを作り上げていくことを包摂と言うのだと思います。いま、民主主義において考えなくてはならないのは、こっちですよね。

——Do が軸にないと、「参加」はつらいです。

誰かを代表する形で思想やイデオロギーを語れと言われた途端、苦しくなってしまう。

オンラインゲームの社交性

——「個々のコンピテンシーを組み上げていく」ということで言いますと、不特定の他者が参加して遊ぶオンラインゲームは、このモデルの好例なのではないかと思います。ゲーム側でアサインされた知らない人とチームを組んで、個々の装備などを瞬時に読解しながら、どうやったら相手チームを負かすことができるのかを考えないといけない「フォートナイト」や「スプラトゥーン」といったゲームなども、その意味でコンピテンシーに基づく協働モデルと言えるのかもしれません。こういったゲームで遊んでいる子どもたちは、それが実社会でどの程度役に立つのかはわかりませんが、コラボレーションの感覚はよく身につけていると言われます。

社交性や社会性のようなことでしょうか。

――こうしたオンラインゲームでは、必ずしもチームメイトと直接言語的にコミュニケーションしなくとも、人のコンピテンシーを理解した上で、自分がどう行動するかを読み解く能力が求められます。ただ、その条件としては、達成すべきタスクが決定されていること、ゲームのルールが決められている必要があります。

面白いですね。プラグマティズム的なモデルはいいのですが、好きに実験してくださいといっても、何をやったらいいかわからない人がいるかもしれません。もちろん「ほかに面白いことをやっている人がいたら、一緒に協力してもいいんじゃない？」ということも可能ですが、コラボレーションをするにしても、実際には何らかの仕掛けがないと「さあ、皆さんで協力しましょう」といってもすぐにはできませんよね。

逆にゲームには一定のルールや枠組みがあって、それがあるからこそ一緒になって協力しやすい。「何でもやれます。好きなことやってください」と言われると、みんな何をやったらいいかわからないけれど、ルールがあって役割分担みたいなものがあると協力しやすい。であればこそ、日頃から「気づいてみたら一緒に何かをやっていた」「協力していた」という仕組みを社会にいくつも埋め込んで、コラボレーションするための練習の装置を社会のなかにたくさん作る必要がある。その装置こそが「アソシエーション」だというのがトクヴィルの理解でした。みんながいいことをするかどうかはわからないけど、取りあえず誰もがコラボレーションの練習をやってみる。トクヴィルが現代を生きていたら、もしかしたらオンラインゲームに「アソシエーション」を見たかもしれませんね。

——「コラボレーションの練習」というのはいいですね。ファンダムやオンラインゲームの「学びの空間」としての意義は、まさにそこにあるのだと思います。

ファンダムの贈与・投資・消費

ただ、ゲームは大企業が収益を目指して売っているもので、みんなをその上に乗せて遊ばせているだけだろうという批判もありうると思います。そこにもし、本当に民主的な契機があるとすれば、みんながやっていることによって、ゲームのルールがどんどん進化したり、参加者自身によって新しいルールが創発されたりすることが必要ですよね。

――冒頭でお話しした「マインクラフト」のようなサンドボックスゲームと呼ばれるものや、ロブロックスのようなゲームクリエイション・プラットフォームでは、プレイヤーが遊んでいるのは、企業ではなく参加者が作ったゲームです。つまり、企業は、空間とそこで自由にゲームなり物語なりを制作するためのツールとプラットフォームを提供しているだけで、コンテンツを生み出しているのは参加者です。

他方で、従来のゲームであっても、ファンダムのなかでは、参加者たちがゲームをプレイする動画をYouTubeで配信したり、ゲーム内の世界を読み解いたり、バグを指摘したり、といったゲーム外でのコラボレーションが活発に行われています。企業は、そこまではもはやコントロールできませんから、むしろ、そのエコシステムのなかで、どのように自分たちを定位するかに腐心しています。

なるほど。プラットフォームというのは「場」と、人がDoするための「ツール」を用意するものだということですよね。そこで参加者が作ったものを、参加者が享受し、今度はその人が発信する側に回って、コメントをつけたり、字幕をつけたりして、生産と消費が渾然《こんぜん》一体《いったい》となったコラボレーションになっていく、と。

――ビル・ゲイツ（一九五五―）はプラットフォームというものについて、「プラットフォームとは、それを利用するすべての人の経済的価値が、それを作った企業の価値を上回ること」

だと説明しています。また「フォートナイト」を制作しているEpic GamesのCEOのティム・スウィーニー（一九七〇―）は、「人々が時間を費やすコンテンツの大半が、他の参加者たちによって作られるとき、それはプラットフォームとなる」とも説明しています。

それを政治に当てはめると、国や行政はあくまでも「場」と「ツール」を提供するだけで、参加者である市民が、自らコンテンツを作っていくという仕組みになるわけですね。

――その際の「ツール」というのは、例えばクラウドファンディングができるシステムだったり、何かを交換できるマーケットプレイスだったりといったことになります。

市民の意見を集約するオンラインプラットフォームの「Decidim」を日本で最初に導入した兵庫県の加古川《かこがわ》市を、先日見学してきました。行政の皆さんの問題意識としてあるのは、「市民参加」を行政側がどうデザインできるかということです。最初に思いつくのはやはり「パブリックコメント」をオンラインで集めることになりますが、これは当然のように一部の人しか集まらない。

――プロ市民だらけになってしまう。

公聴会をやってもなかなか参加してくれない。「困った」と口を揃えて言います。何とかデジタルツールを使ってみんなが集まってくれないだろうかとか、皆さんそういう話ばかりします。

　ところが加古川市の場合、行政の職員が高校や大学をよく回り、あるいは市民に対してさまざまな問題提起を行い、結果として市民の間で議論をする空気が醸成されていました。そこに「Decidim」を導入したことで、初めてそれが機能したのだと言います。デジタルツールを導入すれば、自動的に活発な議論が行われるわけではありません。やはり行政の側での丁寧なプラットフォーム作りが大切だと感じました。

――YouTubeにせよ、「マインクラフト」や「フォートナイト」にせよ、プラットフォームと呼ばれるサービスを提供している企業は、プラットフォーム内でコンテンツを制作するクリエイターのコミュニティの活性化に、実際かなりリソースを割いているはずです。

　そういう意味でも、システムとしていくつかの問題を抱えているものの、「ふるさと納税」も面白いブレイクスルーをもたらしたアイデアだと思います。あれはまさに、地域のファンを、地域外において可視化するものです。返礼品競争が過熱してしまい、ややもすると特産品の通販のようになってしまいますが、インセンティブの設計や自治体側のゴール設定などをもう少しうまくデザインできれば、魅力ある地域づくりを加速する仕組みになる気がします。

――それは私も同感です。ふるさと納税はクラウドファンディングの一種だったと考えることができるわけですが、クラウドファンディングにおいて重要なのは、人がそこにお金を払うときに、それを「応援」だと考えるのか、「投資」だと考えるのか、あるいはただの「消費」だと考えるのか、提供サイドが一元的に決定できないところです。そのお金の使い方が、贈与なのか、投機なのか、等価交換なのかはむしろお金を払う側が決めることで、それはファンダムの消費行動が贈与でもあり消費でもあるのと同じ構造だと思います。

何のために「お金を使っているのか」をめぐる決定の主体性が使う側にある、ということですね。

植物を手入れする「庭師」

――逆に言えば、だからこそ提供側は自分たちがどういう人たちの参加を求めているのかをはっきりさせておかないと、ファンコミュニティを作りたいのに投機目的の人たちが集まってしまったりします。ＮＦＴ（非代替性トークン）のバブルはまさにそれでした。ただそうは言っても、結局プラットフォーム側で、どういう人が参加をしてくれるのかを完全にコントロールできませんし、プラットフォーム上でどのようなコンテンツが作られていくのかをあらかじめ設計することもできません。とすると、そもそもの前提として、「完成形」をデザインすることを手放さなくてはならなくなります。

どういうことでしょう。

——ビートルズをそっくりそのままやりたい、と言ったときは明確な完成形が念頭に置かれます。けれども、「そこにいる人とやれる一番いかした音楽は何か」というオードリー・タン的な問いに立つと、完成形はもはや想定しえない。音楽家のブライアン・イーノ（一九四八―）は、これを「終わりをデザインするのではなく、始まりをデザインする」という言い方で説明しています。

「始まりをデザインする」はいいキーワードですね。

——ブライアン・イーノは、完成形をデザインする「建築家」ではなく、育ってきた植物に応答的に反応するしかない「庭師」の仕事のやり方を挙げて、「庭師のように考えよ」と語っています。

建築家は、あらかじめ用意された設計図をいかに効率的かつ合理的に実現するかをまず考えますが、庭師は、植物が生長していくのに合わせ、環境と対話しながら、その都度手を入れていくイメージですね。起きている状況に合わせて空間をファシリテーションしていく。行政職員はファシリテーターになっていく、という話が第3章にありましたが、こことシンクロしてきます。

——ただ、コンテンツを手放すことに対して、供給サイドの企業や政府は極度な恐怖がありますす。いままでは自分たちが作ったものを一方的に上から投下することしかしてきませんでしたし、それが権威の源泉でもあったわけですから。

ITの現場では、よく「永遠のベータ版」という言い方がされますよね。「完成形ではないベータ版でいいから、ともかく出して、それを改善していけばいい」という考え方ですが、そう言われても、行政サイドとしては抵抗がありますよね。ダメな自治体は、どうしても自分たちで「終わり（最終的なゴール）をデザイン」したがります。パブリックコメントをもらうにしても、「終わり」が設計されたところでやってしまうので、予定調和的な意見ばかりを求める。終わりから逆算して、どういう人たちを集めようかを考えるので、結局誰も集まらない。うまく「始まりをデザイン」して、人が集まったら、あとは、それこそ植物のように自生していくのを見守っていくことが重要ですね。

コギトを乗り越える集合的知性

——DIWOと似たような考え方で、インターネットがもたらす可能性としてよく語られた言葉に「集合的知性」というものがあります。これは、フランスの人類学者ピエール・レヴィ（一九五六– ）が一九九四年に書いた『集合的知性——サイバースペースの人類学に向けて』（L'intelligence collective : Pour une anthropologie du cyberspace）という本（邦題『ポストメディア人類学に向けて——集合的知性』〈二〇一五年〉）から生まれた考えですが、ここまでお話ししたようなことを踏まえて読み直すと、非常に射程の長い本だということがわかります。
レヴィはインターネット空間がもたらす転換は、文書／文字に基づく文明から人類が離脱することを促し、それが私たちの「知性」のありようを決定的に変えてしまうと語り、それは近代の出発点となるデカルトのコギト命題「我思う、ゆえに我あり」からの離脱をも意味すると語っています。

もし集合的知性がデカルト的なコギトの論理を本当に乗り越えるならば、壮大な話ですね。――やや大言壮語とも読めますが、「文字の文明」を「リテラシーの文明」であると読み替えるなら、私たちがいまそこから離脱しようとしているという説明はリアリティがあります。また、彼は知性というものが個人ではなく、コミュニティにおいて存在するものになっていくとし、それをもって集合的知性だと説明するのですが、それを「いたる所に分配され、絶えず価値評価され、リアルタイムで調整される一つの知性であり」「諸能力の効果的な動員へと至るものである」と定義します。

と同時に、以下のような警鐘も鳴らしています。「集合的知性の根拠と目的は人々が相互に承認し合い、豊かにし合うことであって、物神化されたり、実体化されたりした共同体を崇拝することではない」。

コミュニティ自体が自己目的化してしまってはダメだということですね。集合的知性というと、私たちはウィキペディアをイメージします。みんなが色々な情報を持ち寄ることで情報が集積されて、それが少しずつ編集されることで精錬され、質が良くなっていく。みんなが気づかないうちに、情報が集まって「一般意志」のようなものが形成されていくようなイメージですよね。ただ、それだけではまだ「一般意志」の呪縛のなかにいることになります。むしろ大事なのは、「諸能力の動員」であって、みんなのコンピテンシーをつなぐことで、そこが「学び」の場になっていく。この点が、若林さんにとって重要ですよね。

——はい。

一般意志という概念は、そういう意味ではマスメディアというものと非常に相性が良かったと言えますし、もっと言えば、一般意志のイメージによってメディアが規定されてきたとさえ言えます。

ただ補足すると、ルソーは熟議のようなものを通して「一般意志」に到達できるといったことは、実は言っていないのです。ルソーは一般意志の形成にあたり、「サン・コミュニカシオン sans communication」、すなわち人々が「議論をしない」ことを前提にしていました。ここはルソーをめぐる大きな謎で、いまだに解釈が一定しないところです。

——哲学者の東浩紀さん(一九七一—)は、「ルソーは、人間は本来社会など作りたくないはずだと信じていた」と書かれていますね。

自分を超えた社会全体に共通の意志があるとすれば、それは何かを一人ひとりが考えてみる。そのときに浮かび上がってくるものの集合を「一般意志」と呼んだんですね。一人静かに、他人と相談したりせず、あるいは派閥や党派を作ったりせず、自分だけでじっと社会について考えてみる、そういう瞬間を想定していたように私には読めます。「社会全体としての正しい一つの意志のようなものがあるとしたら、それって何だと思う？」ということを、一人ひとりが自分に問いかけるイメージです。

「対話」ではなく「やり取り」

——現代は「社会全体」というものを想像することがとても困難な時代で、メディアのデジタル化によって分散的な環境が生まれたことで、フィルターバブルやエコーチェンバーと呼ばれるもののなかにどんどん私たちを押し込めていっています。そして、そうしたバブルのなかから社会を見通そうとすると、周りは「敵」だらけということにもなってしまいます。

周りがみんな敵に見えてしまえば、相互を否定する殲滅《せんめつ》戦しか起きませんから、これは民主主義にとっては非常に都合が悪い。だから、「対話」が重要だと盛んに叫ばれることにもなるわけですが、フィルターバブル化がますます加速している状況のなか、本当に「対話」や「熟議」が有効なのか、疑問ですね。

先日、人類学者の川喜田《かわきた》二郎《じろう》（一九二〇－二〇〇九）の本を読んでいたら、このことに関して面白い指摘がありました。対話という言葉は基本的によろしくないと川喜田は語っています。対話じゃなく「やり取り」なんだと彼は言うのです。

川喜田二郎

――ああ、面白い。

「みんなで対話しましょう」とか「議論しましょう」と言われても、誰もやらない。コミュニティを定義するものは、議論じゃなくて実際のやり取りだと川喜田は言います。

ディベートでいうと、得意な人がベラベラしゃべって、ほかの人が拝聴することになる。あるいは、ただの論破合戦になってしまう。逆にやり取りは、一緒にひと仕事する感覚ですよね。みんなで何かをやり、とくに具体的なものを相互に扱い、その過程で少しでも自分なりの貢献ができたらいいという感覚です。何かを運んだり、ちょっとした作業で補ったりする。「参加」ということで言えば、対話よりやり取りのほうがはるかにリアリティがありますね。

――ファンダムやゲーム空間のなかで起きている「交換」というのは、まさに小さな無数の

「やり取り」なんですね。英語で言うと「トランザクション transaction」の語がふさわしいと思いますが、これは必ずしも金銭的なやり取りのことだけを指しているわけではありません。ダグラス・ラシュコフ（一九六一－）という私の好きなメディア思想家が、デジタル空間においては、大きいトランザクションが生まれることよりも、無数の小さなトランザクションが生まれることのほうが重要だと語っていました。また、鶴見俊輔さんはデューイの論理学において、「トランザクション」が重要な概念だとしています。デューイは個別の個体間の交渉を意味する「インタラクション（相互作用）」ではなく、むしろ互いの境界を超えていくコミュニケーションのありようを「トランザクション」という言葉に託したと語っています。

参加型の民主主義が陥っている問題を本章では議論しましたが、プラグマティズムの可能性と、Doから始まる参加の意味が浮き彫りとなりました。分断が目の前にあるとき、それを乗り越えるためには、対話やディベートばかりでなく、やり取りをいかに多く発生させるかが大事なのかもしれません。

民主主義とは決して頭のなかだけで実現されるものではありません。人が実際に自分の手足を使って行動し、互いに働きかけ、ともに何かを作り上げていく。その過程にこそ、民主主義の本質があるのだと思います。

ゲーム「フォートナイト」内でのBLM支援キャンペーン
アメリカ・カリフォルニア州、2020年7月4日

第6章　「手」の民主主義

前章では、コンピテンシー（能力、適性）とプラグマティズムについて議論しました。それと関連して、最近よく感じるのは工学的思考とでも呼ぶべきものが、社会科学のなかでも強くなっているということです。工学部と理学部の違いが昔から気になっているのですが、理学系は「真理を究めたい」という思いに突き動かされており、物理であれ化学であれ、宇宙や物質の絶対的な真理を追い求めることに究極的な関心があります。

一方の工学は、いまある状況のなかでどうしたらよりよい状況を作れるかに興味の焦点が置かれます。そのために、あり合わせの資源を何とかつなぎ合わせて、ベストとは言わないまでも、ベターな解決を探る。研究者の姿勢においても、アプローチにしても、理学（サイエンス）的思考と工学（エンジニアリング）的思考はまったく異なります。

それでは、社会科学は、どちらにあたるのでしょうか。社会科学系は、昔はどちらかといえば、頭でっかちでイデオロギー論争をして、社会や歴史の真理を追い求めているイメージがあったかもしれません。いまは逆に、社会的課題に対して具体的なソリューションを構想するというふうに、工学的思考が強くなってきているように感じています。

——宇野さんは、どちらでありたいですか？

私が政治哲学をやってきたのは、「自由」や「平等」の理念を、歴史を超えたものとして探りたいという思いからでした。それを真理の探求と呼べるかはわかりませんが、時間を超えたものを把握したいという気持ちがやはりあります。ただ、第4章でお話ししたプラグマティズムはどちらかというと工学的思考ですよね。答えが見えないときに、取りあえず実験を繰り返し、そのなかで少しずつ前に進んでいくという発想です。こうしたエンジニアリング思考にも共感したことが自分でも意外でした。

とはいえ、プラグマティストたちは、実は中世の哲学、とくにいわゆる普遍論争に強い興味を持っていました。普遍は実在していて個物に先立つとする「実在論」か、あるいは普遍は個物を表す名前に過ぎないとする「唯名論」か、という論争です。かつて、「唯名論」こそが近代的な思考を切り開いたとする評価が広く見られましたが、プラグマティズムの哲学者たちはむしろ、「実在論」を好んでいました。彼らが「普遍の真理なんて関係ない。とにかく実験だ」というタイプの人たちだったかというと、実はそうでもない。むしろ彼らは彼らなりにある種の普遍的な実在に関心があったのです。その意味で、今後、工学的な思考と理学的な思考をもう一度統合していくことは必要だと思いますし、それがどのように起きていくのかにとても興味があります。

技術論と生成AI

――私は「技術」というものをどう考えるかがずっと気になっています。というのも、第3章で述べた行政の話と同じように、技術とは無色透明な「道具」であって、それをうまく使うのも使わないのも人次第といった考えはいまなお根強くありますが、技術はすでにそんな素朴なものではなくなっているはずです。

オーストリアの思想家のイヴァン・イリイチ（一九二六―二〇〇二）は、「技術論」は一二世紀まで神学における重要な問題系と考えられてきたのが、以後その伝統が一七―一八世紀頃に復活するまでぷっつりと切れてしまっていたと語っています。やがて二〇世紀に入ると技術論にも大きな転回が起こり、哲学者ハイデガー（一八八九―一九七六）や第2章の最後で名前を挙げたドイツの思想家ユンガーなどが、新しい技術論を打ち立てたほか、日本でも京都学派などが盛んに「技術論」を展開しています。

ハイデガーやユンガーは、そこで技術というものの本質は「総動員」であり、「ゲシュテル

（総駆り立て体制）」にあると論じ、それ自体が自律的な仕組みだと説明しました。しかしながら、社会全体における技術観は、いまなお、素朴な道具主義的観念に囚われたままであると感じます。

　京都学派の三木清《みききよし》（一八九七－一九四五）や西谷《にしたに》啓治《けいじ》（一九〇〇－九〇）もそうですし、戦後「委員会の論理」を展開する美学者の中井正一《なかいまさかず》（一九〇〇－五二）も、技術論に強い関心を持ちました。京都学派にとって、技術の問題はとても大きかった。もちろんハイデガーの影響が大きいのでしょうけれど、いまそれをあらためて振り返るのは、たしかに重要なことなのかもしれません。

ハイデガー

　技術というものを、例えば精神というものと対置して、それを道具としてのみ扱うという考えは、もはや通用しませんよね。というのも、ＩＴ技術は、すでに人間の思考装置を外部化していく方向で動いているわけですから、そもそも人間の「主体」のイメージが変わってきている。個人が自律的な主体として存在し、その集合が社会を構成しているというイメージは、技術という観点から見ると、もはや完全にフィクションです。

　やや話が逸《そ》れるかもしれませんが、例えばChatGPTにおけるＡＩとの対話は、これまで人間の間で考えられてきた「相互理解」を必要としません。ＡＩにはそもそも主体性と呼べるようなものはなく、リアクションとして「応答」しているだけですから。でも、それで会話が成り立ってしまえば十分なわけですし、それをもっと広げて社会が機能するなら、別にそれで構わないじゃないかという話にもなってきます。

――「ChatGPTとの対話は対話とは呼ばない」と言ってみたところで、じゃあ、それが人間の対話とどう違うのかと言えばよくわかりません。人間同士の対話も、主体と主体をぶつけ合って真理に到達するためのものであるよりは、即応的にその場を取り持つためだけにあると思えば、対話において事実や真実がどこまで意味あるものなのか怪しくなってきます。対話相手が自律的な主体として意思を持つかを問うことが、本当に意味のあることなのかと疑問にも思えてきます。ただ、ChatGPTとの対話も、先ほどの川喜田二郎やデューイの言うところの「トランザクション」として捉えると、もう少し風通しの良い議論ができそうな気もします。

その通りですね。この議論は、それでは「真の対話」とは何かという議論に行き着きます。人間は対話をしているように見えて、実は単に相手に合わせて、適当に言葉をつなぎ合わせているだけかもしれない。さらにはどこまでが、「本当に自分」の思考と言えるのか。ＡＩをめぐる議論は、自分自身の思考や意志という考え自体を掘り崩していってしまうものになる。そこがすごく面白いところです。

――日本では会社にしても政府にしても、意志のありかがわからないということはよく言われますが、制度化されたプロトコルに従って反射的かつ機械的になされる連鎖反応だけで意思決定がなされていると考えれば、それ自体がAIのようなものにも思えてきます。

第3章の行政府の話のなかでも触れましたが、これまで組織というと、ピラミッド型で構成された上位下達モデルでイメージされてきましたが、これは工場であり工業機械のイメージですよね。

――「組織の歯車」という比喩は端的にそのイメージです。

社会やコミュニティにインターネットやAIのような新たな構成モデルを持った技術が入ってくると、人々の社会に対するイメージも変わり、社会もそれに適応しようとネットワーク的に変容していく。つまり、技術が私たちを形づくり、それに基づいてまた新たな技術が生まれ、それによってまた私たち自身や社会も形づくられていくことになっていくわけですね。ただ、そうしたなか、IT企業のように分散型のネットワーク型組織になればなるほど、「ミッション」が語られるのは面白いですね。

イデオロギーからミッションへ

――『民主主義のつくり方』の、社会起業家について書かれた章で、いまどきの起業家は、戦略論はあるけれども全体論が希薄で、昔は逆にイデオロギーや全体論を語るばかりで具体的な戦略がなかったというお話があり、面白い指摘だと思いました。イデオロギーで人を束ねるようなことはもはやできない。個別の戦略論しかない。けれども、そうなればなるほど、たしかに「ミッション」が強く打ち出されるようになってきています。

私は、ここでいうミッションは、おそらくそれをゲーム用語として使われる「ミッション」として理解するのがいいように思います。そこではミッションとタスクがセットです。また、ゲームは、基本的に閉じた世界として設定されないとゲームになりません。ミッションは、その意味では、ゲームの境界を設定する役割を担っているのかもしれません。

『民主主義のつくり方』で述べたのは、イデオロギーの時代の最終的な終焉《しゅうえん》ということです。イデオロギーの時代とは、一九世紀から二〇世紀のある時期ぐらいまでを指して、特定の歴史観や社会像の上に、未来予測がある程度可能であるという期待があった時代です。歴史なり社会なりの全体像を科学的かつ合理的に把握でき、その運動の予測もできると考えられたからこそ、どのような政策を実現し、どういった運動の戦略が合理的かを論じることができた。イデオロギー的な発想は、まさに全体論から入る発想でした。

ところが、これだけ社会の予測不能性が高まり、変化のスピードが高まってしまうと、社会や歴史の全体像を示す見通しが立たなくなってしまいます。そこから議論を始めても、あまりにも迂遠（うえん）というか、リアリティがない。逆に言えば、いま陰謀論が流行るのは、そういった全体的な見通しの悪さを補ってくれる物語を陰謀論が提供してくれるからなのではないかと思います。そうやって、失われたイデオロギー機能を人々がどこかで補っているのだとするならば、必ずしもイデオロギーが終わったとは言い切れないのかもしれません。とはいえ、現代はやはり、かつてのような会体論的なイデオロギーが力を持たなくなった時代と言えます。

そうしたなか、ゲームの話はとても面白いですね。イデオロギー以降の時代において、それが社会を考える上で重要なモデルとなっていることは、わかる気がします。ゲームではよく「世界観」という言葉が使われますよね。この世界観という言葉は、ゲームのなかだけで通用する一つの統一的な世界理解であって、それぞれの世界で魔法が使えたり、ゾンビが襲来したりといった「設定」として提示されている。そのなかで、それぞれのプレイヤーのミッションやタスクがはっきりと用意されていて、そのタスクをクリアしていくなかで、各プレイヤーは技を磨き、経験値を蓄積する。ときに他者とも協力していく。そのようなミッションのモデルは、私たちにとってそれなりのリアリティがあるわけですね。

ガチャからの解放

──いきなり特殊な設定のなかに放り込まれ、その空間を読み解きながら、とにかく手探りで目の前のタスクをクリアしていくと、次第に見通しが広がってくる。よく言われる「ガチャ」という言葉にある感覚は、ガラガラポンでいきなり設定のなかに放り込まれたり、武器が与えられたりするゲームの感覚に近いのではないかと感じます。

政治哲学者のジョン・ロールズ（一九二一－二〇〇二）は『正義論』（一九七一年）のなかで「ライフプロスペクト life prospect」ということを語っています。「人生の展望」です。人は自分の人生を生きるにあたって、何とかその人なりに人生の展望を描くことができるようにもがくものです。社会の側にも、人々の人生の展望が開けていくことを可能にする責務がある、少なくとも、市民が最初から絶望しないようにしなければならないとロールズは言います。しかしながら、いまのわれわれからすると、そんなことを言われてもあまりリアリティがありません。まさに「親ガチャ」であり、自分では能動的には選べない条件によって人生が規定されていて、そのなかでやっていかなければならないのが現実ですよね。

そのような状況で、自分なりに頑張って生きようとするなら、ある種ゲーム的な感覚を持って、枠組みのなかでミッションをコンプリートしていく必要がある。そこにしか努力の余地はないとすれば、切実な感覚ですよね。

ただゲームでは、「世界」は初めから与えられていて、それ自体を自分なりに疑って、場合によってはゲームのルールを自分で変えることができるわけではないですよね。つまり、ゲームのルールを自分で意図的に変えることができるか、ゲームの土台を問い直すことができるかどうかが重要だと思います。

さらに大きく言えば、ゲームの外に出られるかということですよね。あるいは、違うゲームを生きている人たちとどうやって共存していくかです。色々なゲームをやっている人たちがいて、それぞれ互いのことは知らないよという、「ゲーム化する社会」ではたしていいのだろうかという疑問が残ります。

——たしかにゲームはそのゲーム自体をプレイヤーとして改変することはできないのですが、ファンダムが面白いのは、ゲームのなかのバグを見つけてゲーム会社に報告したり、ゲームの外で勝手にその世界観を使って別のゲームを作ってみたりしたりしていることです。そして、ゲーム制作サイドもそうした動きを受けて、ゲームに修正を加えたり、ファンが作ったアイデアを取り込んだりしてもいます。

また、宇野さんの危惧について言いますと、たしかにフィルターバブルというのは非常に強力に作動するものではあるのですが、ユーザーが一つのバブルにしか入れないのかというと、そんなこともないはずです。ユーザーたちは色々なバブルを出入りしながら生きているはずで、その多元性を本当はもっと称揚されるべきなんじゃないかと思います。これは別の言い方をしますと、人が一つのフィルターバブルに閉じ込められてしまう、という考えを束縛するものとして、私は、そこにイデオロギーが強く作用しているように感じています。

なるほど。つまり、一貫性のある統一的な「自己」をもって人は生きなきゃいけないという社会的な規範が、自由にさまざまなフィルターバブル間を往来する軽やかさを奪ってしまっているというわけですね。

――個々のフィルターバブル自体はたしかに排他性がありますが、ある個人がBTSのファンだからといってほかのファンダムに参加しちゃダメだという理由はないはずです。

ＢＴＳをイデオロギー化してしまう人はやはりいるわけですね。とはいえ、その外に出る自由が奪われているわけではない。

イデオロギーの歴史

――もはや、社会のあらゆる事象を統一的な基軸では編成できないはずなのに、そうやって価値観が分散化していけばいくほど「一貫性」を求める圧は高まり、ありとあらゆる事柄を「全人生を懸けた信念」として表明しなくてはならないという考えは、ますます強まっています。

その意味で、私はイデオロギーへの依存が高まっているように感じるのですが、こうした状況を考えるにあたって気になるのは、そもそもイデオロギーとは、いつから、なぜ、こんなに重要なものとなったのか、ということです。私がかねてより抱いている仮説は、イデオロギーは、近い考えを持つ人たちが集まって自然発生的に生まれたというよりは、政党政治や代議制という政治システムを作動させるために必要とされたのではないかというものです。

すごく面白い質問です。これはなかなか答えるのが簡単ではない。イデオロギーと代議制は同時に生まれたと言いたくなるような気もしますし、そうも言い切れないだろうという葛藤があります。

たしかに「イデオロギー」という概念はとても面白いものです。少しずつ確認していきましょう。まず、イデオロギーと、なぜかわれわれはいまもドイツ語で言いますよね。

——本当ですね。英語だと「アイディオロジー」ですね。

なぜ英語ではなく、ドイツ語で広まったかといいますと、その理由はいうまでもなくカール・マルクスにあります。そのマルクスがこの語をどう使ったかといいますと、いい意味ではまったくなく、「虚偽意識」という意味で使いました。

——「虚偽」ですか。

「人々があたかも真理のように語っている正論は、実際にはブルジョワ的な階級利害が反映された、バイアスのかかった意見に過ぎない」という意味で、マルクスはイデオロギーの語を使いました。つまり、「お前の言っているのは、イデオロギーだ」として、相手を「論破」

するわけです。イデオロギーの語は、いわば論破の原型なのですが、この使い方が当時流行し、日本にもその文脈で導入されました。

ただ、最初からこういう意味だったかというと違います。イデオロギーの最初の使用例は実はフランスで、本来イデオロギーはフランス語の「イデオロジー」なんです。フランスでこの言葉がどう使われたかといいますと、フランス革命のあとに権力を握ったグループに、デステュット・ド・トラシー（一七五四－一八三六）に代表される一派がいました。この人たちが観念学派（イデオロジスト）というグループを作ります。この一派は、フランス革命時に非業の死を遂げた哲学者で数学者のコンドルセ（一七四三－九四）の弟分にあたる人たちで構成されていました。

コンドルセ

コンドルセが数学者であったことからもわかる通り、この派に集ったのは自然科学の素養を持つ、テクノクラート集団です。コンドルセは、平和な時代であればアカデミーのなかで自己完結した人生を送ったはずでしたが、フランス革命の当事者となり、恐怖政治の混乱のなかで悲劇的な死を遂げます。そのようなコンドルセの遺志を継承した人々が、「イデー」、つまり「思想」を科学的に扱うことを提唱し、それを「イデオロジー」と呼びました。「イデー」に関する「ロゴス（学問）」ですね。日本語で言えば「思想の科学」です。言語哲学からスタートして、人間の思考や観念を科学的に分析し、それによって争いや恐怖政治をなくすことができる合理的な政治を実現しようとしました。

やがて彼ら観念学派は、皇帝ナポレオンと協力関係に立つようになります。ナポレオンという人はエジプト遠征に考古学者を連れていくような学問好き、アカデミー好きですので、はじめは自分の合理主義的な専制的改革と観念学派とは相性がいいはずだと考えました。

ところが、やっているうちに観念学派が思うように使えないことがわかってきて、ムカついたナポレオンが「役に立たない、このイデオローグども」と言ったとされています。これが「イデオローグ」という言葉の最初の用例です。「お前たちの言ってることなんて空論で何の役にも立たない。有害な観念学者、イデオローグどもめ」という用法ですね。

――罵倒語だったと。

科学的な思考や手法を導入しようとする人たちが、政治的に翻弄《ほんろう》され、相手からバカ呼ばわりされる。これはいまでも繰り返されますが、近代における学者と権力者をめぐる軋轢の興味深い事例と言えます。そこにマルクスのような勘のいい人が出てきて、「イデオローグという言葉は面白いぞ」と、その語を使い始めます。科学と政治が絡みあったときに生じる意識のズレをそこに見出したわけですね。みんなそれぞれに科学的な真理を語っているつもりだけれども、結局各人は、それぞれが置かれた階級や立場に規定されていて、その立場から語っているに過ぎない。マルクスは、そんな批評性を込めて、この言葉を使いました。

つまり「イデオロギー」という言葉には、二面性があるということです。科学的で客観的、そして普遍的な真理を求める欲求が社会のなかにあるのですが、それを語れば語るほどむしろ政治性や党派性が浮き彫りになって、政敵から批判されたり揶揄されたりする。この二面性を表現したのがイデオロギーという言葉です。

保守主義、自由主義、社会主義

さらに言いますと、「自由主義（リベラリズム）」という言葉が登場するのが一八一〇年頃、ナポレオン時代のことです。「保守主義（コンサバティズム）」もまた一八一〇年代から使われるようになりました。ついで「社会主義（ソシアリズム）」がちょっと遅れて出てきますので、いわゆる何々主義というのは、大体同じ時期に生まれてきたと言えます。

――「イデオロギー」という言葉が生まれ出てくることによって、「〇〇主義」という言葉が社会的に意味を持ち始めると。

「リベラル」という言葉は、元々は「寛容な」とか「気前がいい」という形容詞でした。それが、ナポレオンへの抵抗を契機に、突如、人権の尊重や立憲主義の重視、さらに代議制や政党政治を擁護する政治勢力を指す政治用語になります。「保守する」を意味する「コンサーブ」も、元々は、物を保存するといった意味で、政治的な用語ではありませんでした。この言葉を保守主義の祖とされる政治家エドマンド・バーク（一七二九－九七）が使用し、さらにフランスの作家・政治家シャトーブリアン（一七六八－一八四八）が『ル・コンセルバトゥール』（保守主義者）というタイトルの雑誌を作ったことで、一気に広がりました。

リベラリズムもコンサバティズムも、本来は非政治的だった言葉が、一九世紀初頭の時代において、政党や党派につけるラベルとして使われるようになったものです。ナポレオン期に端を発し、一八四八年の二月革命に至って、社会はイデオロギーの博覧会の様相を呈することとなります。

――イデオロギー・エキスポ。

まさに、ありとあらゆる党派が出てきて大騒ぎするのです。パリはその中心地の一つでした。マルクスは、哲学者・経済学者でありながら、同時に有能なジャーナリストでもありました。そんなマルクスにとって、二月革命は面白くて仕方なかったはずです。まさに、ありとあらゆるイズムの人たちがバトルロイヤルをやったあげく、最後は全部が共倒れして、ナポレオン三世（一八〇八－七三）の台頭を許すことになるのですから。

――喜劇的でもある、と。

マルクスは、二月革命について『ルイ・ボナパルトのブリュメール18日』を書いていますよね。「ヘーゲルはどこかで、すべて世界史上の大事件と大人物はいわば二度現れる、と言っている。ただ彼は、一度は悲劇として、二度目は茶番として、とつけくわえるのを忘れた」(村田陽一訳、大月書店)。ところが、本来批判的に揶揄する言葉であったはずのイデオロギーが、ある時期からやたらと真面目に受け止められるようになっていくんですね。

代議制と政党の起源

イデオロギーと代議制の関係について、もう一方の代議制の起源はどうか。重要なのは、政党の誕生です。ヨーロッパでは一八世紀後半から「党派論」が盛んに議論されるようになります。ここではいったい何が議論されていたのでしょうか。

そもそもの前提として、古代ギリシアの民主主義では党派は非常に嫌われていました。公共の利益は一つなのだから、党派があるのはおかしいというのが古代

ヒューム

ギリシアの考え方でした。ところが、これに反して、党派を理論化し正当化する動きが一八世紀後半に出てきました。

最初に党派論を提示したのは哲学者のデイヴィッド・ヒューム（一七一一－七六）です。彼の言い分は「自由の国において、党派の出現はやむをえない」というもので、党派は自由のコストだと考えました。ただし、多様な党派のなかにも、いいものと悪いものがあって、血で血を争う抗争になる宗教的な党派や、人間関係に基づく党派は、いつまでも残るからよくないとして否定します。これに対し、ヒュームは利害による党派が一番マシであるとしました。利害の党派というのは、つまり「お互いに利害が満たされればそれでいいじゃないか」ということで、そうであれば妥協も可能です。これが一番根の深くない党派のあり方だと考えたわけです。

自由の国と党派が必ずセットであるならば、宗教的な党派や人間関係に基づく党派ではなく、利益に基づく党派を積極的に認めたほうが、妥協がしやすいというのがヒュームの考えです。

それを受けて、同じくスコットランド啓蒙（一八世紀から一九世紀初頭にかけてスコットランドで発展した啓蒙思想の流れ）に属し、ヒュームとも親しかったエドマンド・バークが、さらに一歩進めて「党派」は「むしろあっていいものだ」と主張します。ただし、そこには二

ホイッグとトーリーの酒場での収賄合戦

つ条件がありました。一つは「実現すべき共通の政治的な主張がある」こと。もう一つは、単に文句を言っているだけでなく、「いざとなったら自分たちが政権を担う準備がある」ことです。この二つの条件を満たしているのであれば、それを政党と呼び、単なる寄り合いや派閥と別格のものとして評価してもよいとしたのです。言い換えれば、政治というのは政党間の競争なのだという再定義をバークはしたわけです。

こうした議論が一八世紀の終わりに出てくるのですが、バークがこのとき具体的にイメージしていた政党は、イギリスの「ホイッグ」と「トーリー」でした。イギリス政治において重要だったのが自由と王権であったとすれば、より自由を重視するホイッグと、より王権を重視するトーリーが対抗しつつ、ともに議会を尊重することで政党政治が発展しました。一九世紀になると、そこにイデオロギーや階級利害といった要素が加わっていき、党派とイデオロギーが結びつき、ホイッグはのちの自由党、トーリーは保守党へと発展します。そこに新たに投票権を得た労働者勢力が加わり、労働党が結成されます。つまり、ここに至って代議制が、実質的にはイデオロギーによって形成される階級間の競争になっていくわけです。

ハンナ・アーレント

——面白いです。

保守党と自由党というのは、元々階級利害の観点からはさほど違いがなく、基本的に似たような方向性のなかの微妙な差異で争っていたところに、労働者勢力が台頭して独自の政党を結成することで、政党間の分断が大きくなり、政治が分極化していくこととなります。

政治哲学者のハンナ・アーレント（一九〇六—七五）は、一九世紀は階級に基づく代議制が機能した時代で、ある種の社会的なまとまりを作り出す上で、政党が機能したと評価しています。政党や代議制は、二〇世紀前半に全体主義に飲み込まれ、それによって押し潰されてしまいましたが、それを踏まえて振り返るならば、一九世紀は金本位制と階級に基づく代議制によって、それなりに安定した秩序が形成されていたとも言えます。一九世紀というと、普通選挙を目指して階級闘争が展開された時代だったという認識もありますが、アーレントは、むしろ相対的には安定していたと評価するわけですね。

政党クラブとフランス革命

——そうすると、そもそも「党派＝パーティ」は、イデオロギーとはあまり関係なくスタートしたと理解していいのでしょうか。

そうですね。党派は、はじめは必ずしもイデオロギー的なものは想定されていなかったと思います。

——党派は、第1章から再三お話が出てきたアソシエーションとは違うものなのでしょうか。

それなりに妥協可能なグループであれば、何で束ねられてもいいというのがヒューム的な発想です。

——同じ学校の出身者の集まりでもよい。

同じ学校は、ヒュームによれば人間関係に基づくものなのでダメかもしれません。

——とすると、初期のパーティは何によって束ねられていたのでしょう。

一八世紀から二〇世紀の初頭頃まで、ヨーロッパではサロンやクラブなど、各種の社交の仕組みが発展します。フランス革命のジャコバン派も本来は知的な社交クラブでした。哲学者ユルゲン・ハーバーマス（一九二九－）の『公共性の構造転換』（一九六二年）では、元々は宮廷において生まれた社交のための公共圏が、やがて宮廷外へとスピンアウトして、趣味や価値観の一致に基づくサロンやクラブ、あるいはアカデミーといった文芸的公共圏へと発展していったと説きます。そこでは社交だけでなく、ある種の批評や世論の形成も実現していきました。

フランスでは、フランス革命のときにそのようなクラブが増殖して政治化し、そこから生まれた勢力がフランス革命を主導していくことになります。ハーバーマスに言わせれば、文芸的公共圏が政治的公共圏に転化したというわけです。かつてフランス革命は、マルクス主義的に言うと階級対立が先鋭化した結果、抑圧された人々が立ち上がった革命だと考えられてきましたが、現在では、そのような政治的クラブの果たした役割が大きかったとされます。政治的なクラブのダイナミズムが生んだ政治文化的な現象だったというのが、現在のフランス革命の主流の理解になっています。

ボーイズクラブ

ですから、初期の政党は、こうしたクラブのイメージが大きいと思います。必ずしも政治活動をするために集まったわけでもなく、むしろ趣味でつながった同好会なんです。

——ファンダムじゃないですか。

趣味でつながったという意味ではそうかもしれません。ただ、当時の趣味のつながりは階級的利害がすごく違う人たちが集まるものというよりは、むしろ似たバックグラウンドを持つ人たちが集まるものでした。シャーロック・ホームズを読んでいると、ホームズたちがふらっとクラブに行って、そこで新聞を読んだりビリヤードをしたりしていますよね。趣味や嗜好《しこう》が近い、男ばかりのホモソーシャルな社交空間です。

そうした趣味的なつながりから独自の価値観の共有が生まれ、それが政治的な主張へと発展していく。そういった流れから、政党というものも生まれてきました。

——そこには労働者階級は一切関与できませんよね。

入れません。その意味でクラブは同質性の高い、階級的にも閉じられたサークルでした。しかも圧倒的に男性中心。女性は、サロンのほうには入れますが、クラブはダメなんです。

——自民党も、相変わらずその感じありますね。麻生太郎《あそうたろう》（一九四〇－　）さんはいかにもクラブっぽいです。クレー射撃やってみたり。

麻生さんのモデルは祖父の吉田茂《よしだしげる》（一八七八－一九六七）ですから、英国紳士のクラブの遊びの感覚を、色濃く継承していますよね。安倍晋三《あべしんぞう》（一九五四－二〇二二）元首相の交友関係も、ボーイズクラブ的ですよね。その感覚がいまでも日本の保守勢力の原動力になっているわけです。それに対して左派には、そうした社交の感覚はないですね。ボーイズクラブの左派版ってあんまり聞かないですし、イメージもしづらい。

――日本に政党という概念が導入された際には、欧米から党派とイデオロギーとが一体化した状態で入ってきたのでしょうか。

パーティという語に「党」という字を当てているところに、すでに日本における政党の微妙さが見てとれます。というのも、「党」という漢字は、どちらかというとネガティブなニュアンスの言葉です。この漢字を翻訳にあたって採用したところに、パーティなんて胡散臭いものだという、幕末の知識人の警戒感が表れています。

明治の実際の導入例としては、フランスのルソーの流れを汲《く》む自由党とイギリスの議会政治をモデルにする立憲改進党が生まれます。その意味で、日本における「党」は、最初からイデオロギーとセットで入ってきたと言えます。ただ、イデオロギーでつながった「党」というものにどこか胡散臭さを感じていたため、日本で最初の本格的な政権政党になる「政友会」は、あえて「党」の語を避けた名称にしています。党という言葉を使うとなにか嫌な感じがするので、「党ではなくて、あくまで会だ」というわけです。「政友会」という名称は

イギリスのジェントルマンズクラブ

吉田茂

自由党や改進党といった名前と比べたら、ほとんど意味や内容がありません。この政友会が日本の保守政党の元祖になるわけですが、名前の付け方からして、すでに党派性を薄め、むしろクラブや社交色を強く打ち出すような党名が意図的に採用されていたわけです。

ですから日本の場合、歴史的な順番からいくとヨーロッパとは逆になっています。急進的でイデオロギー色の強い「政党」が先に入ってきて、むしろそれを中和するために、クラブ的な政党が必要となって「政友会」が生まれる。

これはちょっと脱線ですが、日本の保守政治家って、互いを「ちゃん」付けで呼ぶのが好きですよね。小泉純一郎を「じゅんちゃん」、小沢一郎《おざわいちろう》（一九四二―）を「いっちゃん」と呼んだり。

――たしかに。

「おじさん同士で何がちゃんだ、気持ち悪い」と思ったりもしますが、あれはやはり、ボーイズクラブ的な演出としてちょうどいいのかもしれません。政治家は年齢より当選回数のほうが重要ですが、当選回数による上下をあまりストレートに出しすぎると、何となくギスギスしてしまう。「何とか先生」とか「何とか君」とか言うと上下関係があからさまに出てしまう。だから、お互いにちゃん付けする。クラブ的な感覚で、平等性を担保するというイメージです。保守政治家のなかには、実はいまだにそういう文化が残っているんですね。

——安倍元首相の人気の土台には、まさにそうした感覚への共感があったように感じます。

ボーイズクラブがあって、その追っかけみたいな集団が周りを囲むというモデルが、意外とまだ日本の政党には根強いのかもしれません。その対極に、のちの社会党につながっていくような流れがありますが、こちらは階級闘争の色合いが強く、労働者の利害をみんなで怒号とともに主張していくという文化です。これはこれとして一つの発展があったわけですが、ボーイズクラブ的な感覚はありません。

——むしろ、ボーイズクラブ的なものの否定ですよね。

儀礼化された労働運動の大衆行動をモデルにした組織という感じです。こうした労働運動のモデルは、本来は自由な労働者の連帯のはずですが、それではどうしてもうまく組織ができず、やがて官僚組織化が進んでしまう。このことは、マックス・ウェーバー以来指摘されている通りです。保守政党は、官僚組織を嫌ってそれを回避するためにボーイズクラブ的なモデルを採用し、一方の、社会主義政党のほうは、大衆運動のモデルを採用したがために官僚制度と親和性が高くなるというパラドクスが起きてしまう。

現状の日本の政党は、いまだにボーイズクラブ・モデルと官僚化した大衆運動モデルの二択になっています。それを打開するために、ボーイズクラブではない、より開かれた市民的なアソシエーションを作って、その連合体みたいなものからもう一度政党というものを再編成すべきだという議論は一九九〇年代から盛んにされてはいるのですが、これがうまくいった試しがありません。

裏面のポピュリスト政党

——単純に「ボーイズクラブ」があるんだから「ガールズクラブ」があってもいいじゃないかと思ったりもしますが、どうでしょう。

「女子会」ですよね。面白いですね。案外そこからスタートするのがいいのかもしれませんし、それこそファンダムが、その契機になるのかもしれません。これまでのボーイズクラブも大衆運動モデルも、どちらも男ばかりでやたらとマッチョで、女性の参加をうまく促せませんでした。二一世紀以降の市民社会論では、女性も参加できるさまざまなアソシエーションを作って、「新しい公共」を生み出すという議論がずっと語られてきましたが、なかなかうまくいかないのが実態です。

逆に、それを裏返しにした形で出てきたのが、現代のポピュリストです。ポピュリスト政党は、トップのカリスマがいて、中間を抜いて、その人が支持者と直接つながるモデルです。これはアソシエーションとしてのファンダムを政治的に組織化していくのではなく、ファンダムをそのまま動員してしまうモデルですが、いまではこちらのモデルのほうが有効ですね。

――ファンダムの大きな問題です。

いま、政党制が機能しなくなっているのは明らかだと思います。これまであったさまざまな政党モデルのどれもうまくいかないとなったときに、政党そのものをすっ飛ばして、カリスマ的なリーダーと支持者とが直接つながってしまう。距離があればこそ中間組織が間に入って、さまざまな妥協や調整が行われていたところ、メディア環境の変化によって、カリスマと直接つながることができるようになってしまうと、これまでの調整機能は邪魔な存在になっていく。一方のファン側の心理からしてもカリスマと直結し、一体化したいわけですから、Win-Winな関係が成立してしまいます。

その意味で、安倍さんは、日本に根強く残る保守のボーイズクラブ的な感覚を、ポピュリスト的な手法にうまくつなげることができた稀有な存在だったと言えますが、安倍さんが亡くなったあと、この芸当をうまくやってのける人がいるかといえば、難しいでしょうね。というのも、いま一度ボーイズクラブを再興しようといっても、さすがにもう無理だと思うからです。

――もう誰もいませんか。

おそらく最後の体現者が麻生さんだと思いますが、麻生さんのあと、それを体現できる人はもういないと思いますね。もちろん、日本の組織文化のなかでボーイズクラブ的なものは、しばらくは残ると思いますが、もうマジョリティにはなりにくいでしょうね。

直接民主主義の可能性

――代議制や政党といったものが機能不全に陥っているなか、直接民主主義というアイデアが盛んに語られています。あるいは、ビッグデータとAIを有用化したアルゴリズム民主主義のアイデアも、間接民主主義の機能不全を乗り越えるための、広義の直接民主主義と言えるかもしれませんが、直接民主主義について、どう考えたらいいでしょう。

まず「直接民主主義／間接民主主義」という言い方は、それ自体がやや欺瞞的です。教科書的に言えば、古代ギリシアのように市民全員が集まって議論したのが直接民主主義で、代表者を選んで議論するやり方を間接民主主義と呼ぶわけです。そこにさらに、近代国家ではすべての国民が一箇所に集まる直接民主主義は不可能なので、代表者による間接民主主義を採用しているという説明が加わります。しかしながら、両者をはたして同じように民主主義と呼んでいいのか、間接民主主義は、直接民主主義の止むをえない代替物なのかという疑問が残ります。

そこを踏まえた上で、今日浮上している直接民主主義について考えると、「直接性」とは、必ずしも全員が顔を合わせて議論するという意味ではなく、重要なのは、「距離の近さ」であり、それによってもたらされる「応答性」、さらに言えば「即応性」なのかもしれません。

——リアルタイム性。

近さと速さという観点からいくと、現状の選挙はまるで役立たずですよね。一票を入れたところで、自分が推す政治家や政党が勝つかわからないし、仮に勝ったところで、期待したことをやってくれるかどうかもわからない。望ましい法案を通せるかもわからない。それが運よく実現したとしても、何年もの時間がかかってしまう。ある意味で、中間にある要素が多すぎて、自分の入れた一票に意味があったのかなかったのか、どうしても実感を持てません。自分の一票で政治に変化を起こすといっても、リアリティがないですよね。

——「選挙で世の中が変わるなら、とっくに違法になっている」という、きわめてシニカルな箴言《しんげん》があります。作家のマーク・トウェイン（一八三五―一九一〇）かアナキストのエマ・ゴールドマン（一八六九―一九四〇）が言った言葉だとされていますが、選挙に対する幻滅をよく表しています。

面白いですね。その批判が正しいかどうかは別にしても、そこで語られる幻滅や不信にはリアリティがあります。そうした代議制への不信に比例して、直接性という考え方が強まるわけです。もちろん政党のあり方を改革して、政党と市民の距離を近づけるのも大切ですが、同時にその直接性を選挙ではなく、第4章で見てきたように、強すぎる執行権、行政権への民主的コントロールにシフトさせることが現在において重要ではないかと思います。

――政治家は政策を掲げ、政党はマニフェストを提示します。有権者からすると、おそらくどんな政治家や政党に対しても、賛成する点と反対する点がありますので、一票を一人の政治家、あるいは一つの政党に託すのは、どう考えても無理があります。例えばイシューごとに投票するといった可能性を思い浮かべたりもします。

分人、くじ引き

最近よく語られる「分人民主主義」というのは、まさにそういう発想ですよね。個人＝インディビデュアルの言葉通り、一人の人間は分割不可能なものだと考えられてきましたが、むしろ人間はディビデュアル＝分割できると考えるわけです。経済、社会保障、外交、安全保障、教育などそれぞれのイシューによって、支持する政党が異なることもあります。であれば、自分の一票を分けて、六分の一票はここ、三分の一票はここと違う政党や人に入れるという発想が、分人民主主義の議論ですね。これまで、こうしたアイデアは技術的に実装が難しいとされてきましたが、いまは十分に可能でしょう。

投票法もさまざまなやり方が考えられます。いい人を一人選ぶのは難しいけれど、この人だけは絶対ダメという人をあらかじめ除外するとか、いいと思う人には何票でも投じられるといった選挙制度もよく主張されます。メカニズムデザイン／マーケットデザインを研究している経済学者の坂井豊貴《さかいとよたか》（一九七五―）さんの『多数決を疑う』（二〇一五年）という本には、そうしたアイデアがたくさん出てきます。

――以前インタビューをした際に、坂井先生は、選挙制度の後進性をこう指摘されていました。「こんなに原初的なやり方が使われているのは、選挙だけではないでしょうか。株式や金融証券なんて、かなり昔からオンラインで複雑な取引が高速でなされています。数年に一度、投票所に足を運んで、投票用紙に一人だけの名前を記入するなんて、二一世紀の出来事とは思いがたい」。

先ほど、フランス革命時の観念学派の兄貴分のコンドルセを紹介しました。彼はまさに数理や統計を、社会を把握する上で有用化する道筋を開いた人です。コンドルセの知見は、二〇世紀の天才数学者フォン・ノイマン（一九〇三―五七）がコンピュータの設計をする際に活用するなど、多くの分野で受け継がれていますし、ルソーの言う一般意志は、コンドルセの「陪審定理」（多数決に参加する人が正しい判断をする確率が50％以上あれば、多数決に参加する人の数が多いほど正しい答えに近づく）を使って考えると、よく理解できるとも言われています。ルソー自身も、「一般意志」は数学的であると語っています。ルソーの『社会契約論』を読んでも、どこまで本当に数学的なのかわかりませんが、コンドルセを間に挟むと、理解が進む気もします。

――あるいは近年「くじ引き民主主義」も議論の俎上《そじょう》に上がっていますね。

古代ギリシアでは、選挙ではなく、くじ引きこそが民主主義にふさわしいと考えられていました。「誰もが公共的役割を担う」というランダム性が民主主義の本質と合致している部分があるからです。現在のくじ引き民主主義論でも、くじ引きで選ばれた代表が議論するという考えは、意思決定にランダム性を入れたほうがいいという発想です。有権者の意志を特定の個人や政党に代表させていくと、必ず固定化していきますので、そこに適度にランダムなものを入れたほうが、アイデアや議論も活発化して機能するという発想は十分にありだと思っています。

ただ、選挙制度の再デザインの話は、結局のところ、現行制度のもとで選ばれた議員に、その制度を変えることのインセンティブを与えられないという問題に帰着してしまいます。自分が国会議員であることの根拠を掘り崩すようなルール変更は、誰もやりたくありません。

――それはそうですね。

それを突破する一つの道筋は革命ですが、一発勝負の革命モデルではなく、もっと分散的に、局所的にどんどんルール変更していき、その結果として全体最適を図れるようなシステムの作り方はできないか。革命ではなく、プラグマティズムのモデルですね。

名望家→職業政治家→相場師

――いま政治家にとってのインセンティブという話がありましたが、私が最近よくわからないなと思うのは、「選挙に勝ちたい」「国会議員になりたい」と候補者が感じるインセンティブが何なのかということです。選挙のロジックでは、「ちゃんと働かなかったら次の選挙で落とすぞ」という意思表示が、議員に対してレバレッジになるとされているわけですが、それがレバレッジとして機能するためには、よほど個々の議員が強く「議員をやめたくない」と思っていることが前提としてあるはずです。穿《うが》った見方ですが、「選挙で落とすぞ」が一種の脅しになるからには、よほど議員になることにうまみがなくてはならない、ということになりませんか。

この議論は、マックス・ウェーバーの『職業としての政治』(一九一九年)に遡ります。

元々政治家になるのは、お金持ちの名望家の人たちが中心でした。そのような人たちは、別に議員にならなくても全然生活は困りません。財産を持っていますので、議員の報酬をあてにしないで済む人たちが政治家になったのです。そのような人たちは、自分がおかしいと思ったことをおかしいと発言して、次の選挙で落ちても全然構わない。「さっぱりした。自分の領地に戻れる」と、自分の利害と無関係に政治の議論をできる余地があった。名望家たちはある意味自由だったわけですね。議会のなかでも有権者に拘束されているという感覚はありませんでした。そのような名望家は、自分たちにはしかるべき地位があり、それゆえに国民の代表になったと考えていました。

ところが、その次に出てくるのが、職業政治家です。この人たちは議員としての収入で生活しているので、何としても議員として食べていかなければなりません。特別な財産を持っていないので、選挙で落選したら、失業者になってしまう。すると「何が何でも失業したくない」という、動機が生じます。当選至上主義になって、当選に有利なことなら何でもやるというのが、基本的なビジネスモデルになっていく。

そのような政治家には、いい面と悪い面があります。有権者の支持を恒常的に得る必要があるので、前回自分に投票してくれた人に何とか満足感を与えて、次回の選挙でも自分に投票してもらおうとするインセンティブが働く。それをいいほうに解釈すれば、毎回議員はしっかりと業績をあげ、それを有権者に審査してもらうことで、チェック&バランスが働くシステムだと言えます。

しかしながら、現在、はたしてこのような業績審査がうまく機能しているかは疑問です。結果として、ウェーバーの分類で言えば、かつての名望家的な政治家でもなければ、安定的な職業政治家でもない。議員になることで一発当てようとする、投機的な動機を持つ立候補者が増えてきた感じはありますよね。

――わかる気がします。一発話題を取れたらラッキー。次に落選しても、除名になっても上等みたいな人たちが、どんどん選挙に出てきています。

逆に、自分に票を入れてくれた人に対して一生懸命サービスしようとして、それがどんどんズブズブな利権関係になってしまう人もいますね。

――そうやって政治家が「公約を守るインセンティブ」がほとんど失われているなか、有権者のほうでは変わらず「公約をちゃんと守ってくれる人に入れよう」と、政治家に信頼を託し続けているのも、なんだか随分と間抜けな話だなと思ってしまいます。

ファンダムの趨勢

であればこそ、余計に、有権者の判断の基準が、ファンの論理に近づいていくのかもしれません。つまり、自分の具体的な願望を実現してくれるから一票を投じるという感覚はもはや薄れてしまった。むしろファン的な発想で推しの政治家に投じるほうが、自分にとっても嘘がないし、期待を裏切られることもないという考え方になる。投票において、ファンの論理をうまく使っているのは、いまのところ右派が多いですよね。

——参政党やN国党は、言うなればファンダム政党ですよね。

ファンダム的な論理は、いまの世界において有力な論理です。政府の財政が厳しくなるにつれ、政治家や政党による利益誘導も難しくなっています。だとしたら、実現するかどうかはともかく、自分の不満を言葉にしてくれさえすればいい。ただ面白いだけでもいいのかもしれません。はたして、それが政治に良い影響をもたらすかどうかはわかりません。ファンダムの論理を抑圧することなく、ポジティブに機能させるにはどうしたらいいか。このことが一つカギになるわけですね。

——そうだと思います。ただ第1章で見た「平等化の趨勢」のように、ファンダムの趨勢は、良し悪しとは関係なく、進行し続ける気はします。

日本に限らず世界中、中間をすっ飛ばしてカリスマ的なトップが直接人々とつながってしまうのが、間違いなく現代という時代の趨勢です。ただ、それだけだと、ポピュリズムからは逃れられない。そのためには、中間組織をどこかで回復しなければならないとは思うのですが、その具体像が一向に見えてきません。デジタル時代の「クラブ」、あるいは「アソシエーション」といったものから始めて、かつて一八世紀の人々が時間をかけて社交の仕組みを作ったプロセスを、いま一度やっていく必要があるのかもしれません。

――ＢＴＳのファンダムでは、例えば最近の選挙でも、ファン同士がTwitterスペースに集まって勉強会が開催されたりもしていました。そうした動きが「習慣化」していくと面白いなとは思います。

旧来型の政党モデルが機能しなくなっていくなかで、ファンダムのような組織から新しいクラブや政党が生まれ出てくるまでは、おそらくもうしばらくは時間がかかりそうですね。それまでは一人のカリスマが牽引するような組織のあり方が、しばらく続くのではないかと予測します。その間をどうつなぐのかがいまの課題ですね。

プラグマティズムの実践も実はそういうものなのです。プラグマティズムで世の中のすべてがうまく回るかというと、そうではない。きわめて見通しの悪い時代において、たくさん実験して、そのなかの相互影響や習慣化を通じて、少しずつ意味のある変革の効果を拡大していくというアイデアですから。

――ちなみに、ファンダム文化が一番えげつない形を取るのは「投票」にファンが動員されるときです。例えばオーディション番組などでは、ファンダム同士が選挙に総動員されて、熾烈な殲滅戦が繰り広げられます。グループのメンバーやセンターをファンが投票で決めていくのは、ある意味エンタメ化した「奴隷売買」とも言えますから、その意味で暴力的なカタルシスがあるのはたしかですが、ファンダムの可能性は選挙戦のようなコンペティションにおいてではなく、むしろその外にある協創活動にあるのだと個人的には考えたいです。本書を通じて、「承認」ではなく「行使」、「議会」ではなく「行政府」、「リテラシー」ではなく「コンピテンシー」に目を向けたいと言っているのは、こうした観点からです。

選挙の外にある活動というのは、自発的に、誰に頼まれたわけでもないのに、勉強会をやってみたり、動画や字幕を作ってみたりする活動のことですよね。

——はい。逆に選挙のようなオーディションにおいてファンダムは、ただの動員対象、ただの総動員体制になってしまいます。

ああ、なるほどわかってきました。ずっとファンダムの話をしてきて、ようやく腑に落ちました。ファン投票のところだけ見ると、たしかにこれは新たな総動員体制と言えるかもしれません。そうではなく、誰に頼まれたわけでもないのに、めいめいが自分なりに行動してみて、その行動の成果がファン同士で交換されていく、その無償の貢献のプロセスにファンダムの可能性があると。

——それを政治に当てはめて、選挙や投票行動の話に集約してしまうと、ただのポピュリズムになってしまいますし、より苛烈な総動員になってしまう。トランプやゼレンスキーがその典型だと思うのですが、それはやはり危険なものだと思います。そうではなくて、アイドルにせよアニメキャラにせよ中心となる対象はありながらも、公式に提供されたものの隙間《すきま》にある物語をファン同士で勝手に埋めていく、そうした作業のあり方自体が面白いし、そこに可能性を見たいです。

「隙間の物語を作る」というのはいいキーワードですね。上から与えられた物語がいくつかあって、そのどれがいいでしょうという投票はちっとも面白くない。自分たちで、そこでは語られていない中間の物語、隙間の物語を作ることができる。そこに自由が生まれ、社会の変化も生まれる。そこが肝心ですね。

――そういう意味で、私はやはり選挙・投票に重きが置かれすぎている状況は問題だと感じます。

投票の仕組みはある意味で強力で、数字で当選、落選というのが赤裸々に出る。残酷で、だからこそ面白いし、ある種の麻薬性もあります。ただ、いきなり最終結論に一気に行ってしまうというのは、暴力性が残る。途中にいかなるプロセスがあっても、最後に勝てば全部良しで、すべて決まってしまう。あらゆることが選挙結果に直結してしまうのは、やはりすごく危険ですよね。

そうではなく、途中の物語がどれだけ自発的に多様に生まれてくるかというのが、社会の豊かさを作るというのはその通りだと思います。

所有と使用の距離を近くする

――少なくとも自治体レベルでは、ファンダム的な政治の試みは可能だと思います。例えばエネルギーの問題について、全国民をあげて原発推進か脱原発かという議論をすることに意味がないとは言いませんが、それで国民投票で白黒つけておしまい、みたいな話でもありません。地方のレベルであれば、原発推進か反対かそうでないかをいったん横に置いて、「再生可能エネルギーを実験してみない？」という旗印のもと、クラウドファンディングのような協創活動はできるはずです。そうやって参加する人たちのなかに、原発推進派の人がいても、それに反対する人がいてもいいじゃないですか。

いい例ですね。いきなり原発か再生エネルギーかの二択を提示されたところで、簡単に答えは出ませんし、そもそも多数決で決めるべき問題であるかどうかも疑問です。本当はそこに途中の物語があって、わからないわからないと言いながらも、人々は考えるし、考えたい。実際、「エネルギーの地産地消」というコンセプトには、少なからぬ人の心が動きますよね。

――わかります。

できれば自分の地元で作ったエネルギーを使いたいと思っている人は少なくない。そのほうが効率がいいということもありますよね。さらに地域への愛着をめぐる小さな物語に、貢献もできる。

もちろん、いきなり全部を再生エネルギーで賄うことはできませんし、ベースとなる電力は必要です。しかし、「ベース電力が必要です。だから原発再稼働しかありません」というのはあまりに雑で、それに押し流されてしまうと、自分たちの大切なものを否定された感じがします。

一人ひとりがエネルギーという問題を通じて地域や自然と自分を結びつける、何か小さな理想を育んで、それに基づいて少しは選択の余地を持ちたい。一〇〇パーセントは無理にしても、少なくとも自分の使う電力のうちの何割かは、そういう夢のあるエネルギーの使い方、自分にとって愛着のあるエネルギーの使い方を実践する。中間を抜きにして、いきなり原発か脱原発かだけになってしまうと、激しい対立になるばかりで、どんな結論が出たところで、双方にとって不満が残るものにしかなりません。

——地産地消という話でいうと、ある知り合いが「循環経済というのは「所有者」と「利用者」を近づけることなんだ」と言っていました。例えば地域で再生可能エネルギーの電力会社を小さく作りましょうといったときに大事なのは、その電気を利用する人たちが、その会社の所有に関わることで、そうすることによって、自分たちが利用した分が自分たちに戻ってくる仕組みになる。それが循環経済なんだと。

まさに距離の近さと即応性ですよね。三・一一以後、所有権の絶対というものを相対化しようという議論が盛んに出てきましたが、かといって、所有権をただちに否定して、すべてをコモンズにしようといっても無理がある。むしろ若林さんがいまおっしゃったように、所有と使用の距離を近くするというのは一つのカギですよね。

これまでの社会は色々なつながりが伸びきってしまい、自分がやったことが結局どうなったのかが見えにくい。やったことがすぐにわかるということも、行き過ぎると窮屈になりますが、所有と使用の距離を近くしていって、自分なりに責任や主体性を感じられるようにすることが大切だと思います。プラグマティズムの思想も、結局のところカギは距離感だと思います。自分でやってみて、その結果が自分で見えて、責任も取る。そのフィードバックをすぐに活かすことも可能です。

プラグマティズムは楽天的な思想だと思われているところがありますが、実際は、答えがわからない時代にどうしたらいいかを考え続ける、非常に懐疑的な哲学です。一人ひとりが実験していくと、社会は必ずいい方向にいくはずだという信念というか信仰のようなものがありますが、そういったものとセットになって懐疑主義を乗り越えていこうという哲学だと捉えると、輝く素地があります。

――そこでは、行動することがすごく重要だというのが大きなポイントですよね。

それぞれの人が自分の力の及ぶ範囲、責任の及ぶ範囲内で、自分の思いを何らかの行動に移してみたい。そうでないと、本当のところ自分の考えていることが正しかったかどうかもわかりません。フィードバックによって自分の信念が修正されることもありますが、その繰り返しが自己とその自由を成長させるのです。

プラグマティズムの習慣論

――これまでの民主主義の議論は、選挙の話も含め、つねに「意思決定に参加できるのかどうか」を問うもので、それはひたすら「頭」の話です。そこには「手」の話が出てきません。私は宇野さんのプラグマティズムの議論を、「頭の民主主義」から「手の民主主義」への移行として読みたかったりもします。

それは実に魅力的な読み方です。西洋哲学は基本的に「意志」の論理が強いものです。主意主義と主知主義の対比がありますが、あえて知に対し意志を強調するように、意志にものすごく重点が置かれています。

ルソーの一般意志もそうですよね。社会の一般意志を実現するものとしての民主主義というモデルです。一般意志の前提には「人間は意志があって初めて行動ができる」という考えがあります。他方でプラグマティズムによれば、行動のあとに「自分はこういうことを意志していたのだな。こういうことを自分はしたかったのだ」と、事後的に自分の意志がわかることもある。意志は絶対ではなく、むしろプラグマ＝実践、行動のあとに、意志がついてくるという考え方です。

——ちょっと話が逸れるかもしれませんが、最近「環境系ユーチューバー」と呼ばれる人がいまして、川や海の環境保全活動を動画コンテンツにしてYouTubeで配信して、それがそこそこ収益を生んでいると聞きます。これは言ってみれば、行政では手が回らない公共活動の領域に、ファンダムのビジネスモデルを持ち込んだ面白い実践なのかもしれないと思っています。

いまの時代は、そもそもどこに課題があるかが、行政側にもわからなくなっている時代ですよね。そうしたなか、誰かが自分なりに課題を発見して、「こういう課題をこうやって解決できますよ」というところを見せていくことができるわけです。その意味で、いままでの考え方からちょっと離れて、新たなプラグマ、すなわち行為を実践する場所を見出していくことが大事なのですね。

行政が一律に課題設定していくモデルではなく、人々がそれぞれ自分の力が及ぶところに課題を見つけて解決に取り組んでみる。それに共感する人がいれば、それこそクラウドファンディングでもして広げていく。それだけで全部が解決できるとは思いませんが、そうしたなかから長期的な課題を見出すこともできる。新たな解決の糸口も得られる。少なくとも既存のやり方のままだと、新しい課題も解決も発見されない。そこに揺らぎを入れるためには、それぞれの人が勝手に始める。プラグマティズムのすごく大切な部分は、「勝手に始める」ところですね。

また、大事なのは、プラグマティズムの「習慣論」の部分です。いい実践は人が真似していく。それが連鎖していくと、多くの人々に伝播《でんぱ》してやがて習慣として定着する。現代的で多様で、分散的な習慣の伝播というもののデザインが重要ですね。

手の思想

——インターネット文化ではそうした伝播・連鎖を表すスラングとして、「ミーム」という言葉が一般化しています。

文化的遺伝子ですね。

——ソーシャルネットワークは、本来的には、言葉ではなく、「やってみた／自分もやってみよう」という連鎖を作り出すのが最も得意とするところなのではないかと私は思っています。実際YouTubeやTikTokは、環境保全のようなものからもっと他愛のないものまで、「やってみた」動画で溢《あふ》れています。インターネットはその意味で本質的にプラグマティックなツールだと思うのですが、私たちは、どうもまだそれをルソー的な空間、あるいは二〇世紀型のマスメディア的なものとして使おうとしているような気がします。

先に見たように、かつてイデオロギーの時代があったわけですね。とりあえず歴史と世界の真理がわかっているという前提で、それに基づいて社会を変えようとしたわけです。少なくともある時期までは「全体を見通せる」という信念があった。

ところがいま、イデオロギーがなくなったとは言わないまでも、「すべてを見渡せる」ような特権的視座がなくなり、非常に見通しが悪い時代となった。見通しが悪い時代だからこそ、直接性や距離の近さ、即応性、自分のやったことに手触りを求めるようになる。それは悪くすれば、みんなで単にバラバラにやっているだけになりますが、「習慣」というミームの力でつないでいくことを通じて、社会を変えていくことにもつながる。このモデルのほうが今後の社会を動かしていくことになると私も思います。

——これまでの社会は、投票というものに大きく比重が置かれた社会だったからこそ、イデオロギーというものが重視されてきたのだと思います。それを「頭」ではなく、「手」のほうへいったん比重を動かして見ると、イデオロギーが違っていても協働できることはたくさんあるのではないかというのが、私の楽観的な見通しです。

非常に重要な指摘ですね。投票があるからこそ、イデオロギーが増強される。投票という仕組みができて、それでは何によって投票するんだというときに、その理由づけとしてイデオロギーというのが要請された。

逆にいま、イデオロギーがうまくいっていないのも、投票という仕組みがうまくいかなくなっていることと並行している。そうだとすると、何か行動する前に「意志」があるというモデルを、どこかで乗り越えなきゃいけないですよね。実際、人間は手を動かしているうちに何かをやってしまって、事後的に意志が発見される。そこからさらに考え続けていく。社会変革とか政治を「手」で考える。手の思想ですね。

――ソーシャルメディアの功績の一つは、頭のいいとされている人でも、あらゆることについて正しかったり頭が良かったりするわけではない、ということを可視化したところだと思います。どんなに立派な知識人でも、ひょんなところでバイアスがあったり、感情的な偏向や脆《もろ》さがあることが見えてしまいます。でも、それは逆に言えば、あらゆることに対して理知的・意志的である人などいないということなのだと思います。インテリが万能な知性の持ち主だという設定は、テレビや新聞のような管理の行き届いた空間があってこそ成立していただけなんだということを痛感させられます。

全部のことを知っている万能な人なんているわけがない。人間誰しも間違えるし、完全無欠な「意志」なんてものはない。であればこそ、臆せずに「やってみる」。

――少なくともソーシャルメディア上では、宇野さんが何を考えているのかよりも、「宇野さんは今日加古川にいるんだ」といったように、宇野さんの「Do」の軌跡を見るほうがコンテンツとして面白いんですよね。

私もソーシャルメディアでは、手や体を動かしていることを書くほうが好きですね。論破合戦に参入するのはしんどい。

――「やってみた」が拡散するときにこそ、ソーシャルメディアは面白いのだと思います。

「やってみた」が拡散すること。ソーシャルメディアの健全な使い方って、本来「実験」にあったかもしれない。「やってみた」を見て「自分もやってみよう」と思う人が出てくるのが、まさにプラグマティズム的ですよね。

婦人参政権のデモ　ロンドン、1912年

第7章　感情と時間の政治へ

——前章の最後に、環境系ユーチューバーのお話をしました。このユーチューバーのことは、再生可能エネルギーの仕事に携わっている知人に教えてもらったのですが、環境保全の世界では「順応的ガバナンス adaptive governance」という考え方があって、もしかすると環境系ユーチューバーの活動は、広義の順応的ガバナンスと言えるのかもしれないと、その知人は言います。

順応的ガバナンスとは？

——私も知らない概念でしたので、環境社会学者の宮内泰介《みやうちたいすけ》（一九六一―）さんの編著『なぜ環境保全はうまくいかないのか——現場から考える「順応的ガバナンス」の可能性』（二〇一三年）という本を読んでみたのですが、宇野さんのプラグマティズムの議論と親近性がありそうでした。

面白そうです。

――この本はまず、行政が主体となって決定する「正しい」環境政策はまずもってうまくいかないという議論から始まります。科学主義に基づく「正しさ」と、住民が考える「正しさ」にズレが生じてしまう、と。そこから「市民参加」「合意形成」が重要だという話になるのですが、これが言うは易《やす》しで実際にはなかなかうまくいかない。そこで順応的ガバナンスというアイデアが提出されるのですが、これは「正しいやり方」を求めるのではなく、現場における試行錯誤から学んでいくアプローチを取ります。

プラグマティズムにおける「実験」ですね。

――はい。試行錯誤や失敗例にヒントを求めていくのですが、その際に重要なポイントが三つ挙げられています。「試行錯誤とダイナミズムを保証すること」、「多元的な価値を大事にし、複数のゴールを考えること」、「多様な市民による学びを軸としつつ、「大きな物語」を飼い慣らして、地域のなかで再文脈化を図ること」。この三つです。

素晴らしいですね。前章でエネルギーを例に、「原発推進か、脱原発か」という大きな物語に従うのではなく、大きな物語をズラして、いかに中間の物語を埋め込むかという話をしましたが、そこともつながりますし、プラグマティストのジョン・デューイが提唱した学びの空間とも通底します。

「不平等だけど違っている」

――順応的ガバナンスの文脈では、環境保全と一口に言ってもさまざまなステークホルダー（利害関係者）のなかに矛盾した期待が入り混じっているので、そうした異なる価値を対立させるのではなく、いかに共存させる方向に持っていくかが大事だとされています。これは多様性や包摂というものをめぐる議論の重要な部分でもあるかと思います。

ここで、第1章でお話ししたトクヴィルに再び登場してもらいたいと思います。おさらいすると、トクヴィルは「諸条件の平等」をアメリカで見つけたと言いました。これまで「同じ」とは思っていなかった人たちが互いを「自分たちと一緒だ」とハッと気づく、その想像力の飛躍を問題にしたのです。とはいえ、それによって必ずしもみんながハッピーになれるわけではなく、互いに平等なはずなのに残る不平等について、人々はより過敏に反応することにつながります。

これを戦後日本に当てはめてみますと、日本は平等な社会だと言いますが、実際どれだけ平等だったのかというと、さまざまな社会学的な調査を見ても疑問が残ります。にもかかわらず、かつて「一億総中流」と言われたように、同じ日本人であれば平等性があると思えた時代もありました。それは会社や業界といったものによって守られた幻想だったわけです。

ただ時代がくだって、そうした組織が幻想を守ってくれなくなってしまうと、世の中は実際思っていたよりもはるかに不平等であることに気づいてしまう。従来であれば、「自律した個人」のモデルに則《のっと》って、自発的かつ自律的に世の中を渡っていくことが奨励されましたが、それを押し通そうとすればするほど、人は孤立していく。

そうしたなか、どこまでの範囲が自分と平等な人たちで、どこまでが違うのかといった線引きをすることすら困難になっています。私たちははたして、新しい平等社会をどうイメージすることができるのか。あるいは、もはや「平等」という前提を捨てなくてはならないところに来ているのか。そもそも、人とともに生きることのイメージをどう形づくっていけばいいのか、それすらわからない状況にあるのではないでしょうか。

——アルトゥーロ・エスコバルというコロンビアの人類学者が書いたいくつかの本に、ラテンアメリカのフェミニストたちの仕事が参照されていました。そこでは植民地主義とフェミニズムを同列の問題として扱うところが面白く、個人的にすごく共感したのですが、そのなかでリタ・ラウラ・セガートというアルゼンチンのフェミニスト活動家でもある人類学者が紹介されています。彼女について調べてみたところ面白いことを言っていました。彼女は「違っているけど平等（Different but Equal）」という公式を捨てないとダメだと言うんです。代わりに「不平等だけど違っている（Unequal but Different）」という公式を採用すべきだと語っています。

面白いですね。まず「Different but Equal」の公式はわかりますよね。諸個人に違いはあるけれども、平等であることを意味します。たとえば、男と女というのはそれぞれの異なる役割があって、それぞれの役割を果たすことによって、調和ある家庭なり社会の構成に平等に寄与しているという言い方があります。いわゆる性別役割分業論ですね。

意外なことに、この論法はトクヴィルとも深い関係があります。フランスの貴族出身のトクヴィルにとって、アメリカの平等な男女のカップルはすごく新鮮に映り、そうした近代的家族のあり方を彼は高く評価します。その際に彼は、アメリカでは、夫と妻は平等だが、異なる役割を自発的に果たしていると指摘しているのです。いまからすれば、典型的な男女間の役割分業の論理です。

トクヴィルからすると、不平等を前提とするかつてのヨーロッパ貴族的な家族像より、平等な男女の合意と愛情によって形成される近代家族は、ことさら良いものに見えました。ただし、男女の役割の違いも同時に認める。そこから「Different but Equal＝違うけれども平等」という公式を是としたわけです。

ここはトクヴィルの言説で最も論争を呼ぶテーマの一つです。伝統社会を否定すべく近代家族を擁護した結果、妻は妻らしく、母は母らしくという家庭内分業こそが、民主社会にふさわしい家族のあり方だというのですから。現在であれば、フェミニストでなくても、多くの人にとっても違和感のあることを語っています。同じような言説は、いまなお社会のなかに残っていて、セガートさんはまさに、あらためてこの理屈を批判しようとしているわけですね。

――彼女はこう書いています。「「違っているが平等」という、達成不可能で包括的な人権の公式を再検討する必要がある。これは、普遍的であるかのように装いつつ男性的主体が優位であるという、根強く揺るぎない二元的非対称性に則っている。代わりに、「不平等だが違っている」という、共同体世界のヒエラルキーに基づいているものの、根本的に多元的な公式を提示する必要がある。この定式は、女性の政治にふさわしいスタイルへのよりよい道筋を開くだろう」。

これまでは、「違っているけどみんなそれぞれ社会のなかで役割があっていい」と、最初から調和的に捉えがちでした。その図式を取っ払って、まず不平等は不平等なんだということを確認した上で、なおその差異を肯定できるかどうかが一番重要だ、ということでしょうか。「平等」の言説にあらかじめ絡め取られる形で「違い」が保障されてしまうことの胡散臭さを、たしかに的確に突いているのかもしれません。

というのも現在語られる「多様性の包摂」には、包摂できる多様性しかそもそも前提にしていないようなところがありますよね。意地悪な言い方をすると、「皆さんを包摂しましょう」と言っている多数派が、自分の地位が脅かされない限りにおいて、色々な人の多様性を認めましょうと言っているに過ぎない。ある種の上下関係を前提とした、括弧つきの「寛容」が横行しています。

革命とおにぎり

ジェンダーに関わる問題で、思い出すのは日本の学生運動での逸話です。「革命だ」「国家打倒」だと男性運動家が息巻いていましたが、立て籠もりをしたりピケを張ったりした際に、みんなのためにおにぎりを作っていたのは女性たちだったというエピソードです。国家権力をいかに奪取するかというときにも、足元の平等はまったく考慮されず、男女の役割分業の構造が温存され続けてしまう。

ただ、このおにぎりの逸話は、女性に依存していた男性革命家を揶揄したり批判したりすることがポイントではありません。ここで本当に問うべきなのは、「革命家だっておにぎりを食べなければ生きていけない、それでは誰がおにぎりを作るのか?」という点です。「革命」と「おにぎりを作って食べること」を、別の世界のこととして考えてしまっていたことが根底にある問題です。現在でいえば、「おにぎりなんていうのはコンビニに行ったら買えるじゃないか」という革命家がいるとすれば、あまりに現在の消費資本主義に無自覚なことになります。それでは、みんなでおにぎりを作ればいいのか。

――以前、海外のとある建築家に取材した際に、都市における市民参加型の空間を構想するにあたって「キッチン」「台所」というアナロジーが使われていたことを思い出します。キッチンがそこでなぜ有効なアナロジーになるかというと、その建築家は、そこが「生産の場」でもあり同時に「消費の場」でもあるからだと言っていました。

いまの学生運動の逸話に寄せて考えると、まず消費する人と生産する人がきっぱり分かれて一種のヒエラルキーを構成しているところに問題があるのかもしれません。とはいえ、「生産」か「消費」かのどちらかに全員が回ればいいのかと言えば、それだけでは問題の解決になっていない気もします。

台所という空間から民主主義を立ち上がらせることができないか、というわけですね。面白い。食べることは、人間にとって一番根源的な営みですよね。加えて食べているときは、人間はどこか無防備になる。一緒にものを食べることで人が仲良くなれるのは人類に普遍的な傾向です。それが赦《ゆる》しや許容の印となることもあります。

あるイギリスの政治家が「政治家にとって何が大切か」と聞かれて、「自分と敵対している人と一緒にご飯を食べることだ」と答えたことがあります。政治と食事は、実は深くつながっています。日本でも自民党の国対政治はかつてこれが得意でした。というか、こればっ

60年安保闘争

かりやっていたのが問題ではありましたが。

――会食文化。

男性政治家が集まり、ホモソーシャルな仲間意識を深めるために、一緒に飲み食いをするというモデルは、たしかにもう決定的に古い。それでは、私たちの食卓はどうなっていくかと考えると、家族の形態も変わりつつありますし、孤食という問題もある。そこから何を可能性として取り出せるのかですね。

食事の風景

――私はここ数年、韓国ドラマをよく観ているのですが、面白いのは食事のシーンがたくさん出てくるところです。しかもそれが背景的に描かれるのではなく、物語の一種のクライマックス、主人公のそれまでの人生や行きがかりが全部交錯し、陳腐な言葉ですが「万感の思い」が集約され昇華されるところで登場します。

よくよく考えるとハリウッド映画ではこんな作法はほとんど見かけませんので、ちょっとした発明だなと思うのですが、ここで描かれる「感情」は、脊髄《せきずい》反射的な情動ではなく、もっと深く個人に根ざしたトラウマや傷から生まれてくる「感情」だったりします。

わかりやすいのは、「サイコだけど大丈夫」や「ウ・ヨンウ弁護士は天才肌」といった、まさにメンタルヘルスや自閉スペクトラム症を扱ったドラマでの食事シーンですが、やや強引に話をこじつけてしまうと、先の食事やおにぎりに象徴される「ドメスティックなもの」の根源にあるのは、おそらくそういった意味での「感情」なのかもしれません。メンタルヘルスはいまでこそ世界的な課題となっており、だから韓国のドラマに世界中が共感するのだとも思うのですが、問題は、政治をはじめとする社会システムが、そうした「ドメスティックな感情」を扱う術をまったく持っていないことではないでしょうか。

とても面白いと思いますし、正しい見立てのように感じます。感情と民主主義という議論は、実はそれなりに歴史があります。新しいほうから行きますと、現代の熟議民主主義においても人間の「感情」がよく問題になります。

――否定的な意味でですか？

そうとは限りません。熟議民主主義では対話することが大事なのですが、みんなが好き勝手なことを言っているだけではダメなので、お互いに自分の拠って立つところの理由をきちんと説明することが求められます。それも独りよがりな理由ではなく、みんなに共有される「公共的理由」を語らなくてはいけない。しかし、自分の思っていることをきちんと公共的な理由づけをした上で表明するには、きわめて高い能力が求められます。それをはたしてすべての人に求められるのか。そうした問題意識から、最近では、自分の感情を素直に表出することがむしろ大切で、感情を積極的に熟議の場に持ち込むべきだという議論も出てきています。

感情をめぐる政治の問題を遡ると、古代ギリシアの哲学者プラトンにたどり着きます。プラトンは人間の魂と国家のあり方は平行的な関係にあると言いました。人間の魂のなかで一番上にあるべきなのは「理性」であり、次には「気概」、すなわち勇気であり、最後に「欲望」です。これが一人の人間のなかでうまくバランスを取れているのが重要だとプラトンは言います。興味深いのは、彼がこれをそのまま国家にも当てはめていることです。「理性」を持った統治者階級が、「気概」を持った軍人たちを指導し、「欲望」に動かされる庶民を支配する。

この理屈でも、人間に感情があることは承認されています。感情と理性をきちんと分けて、さらにその間に気概というものを置いているのも面白いところです。とはいえ、この図式において、感情や気概は、最終的には理性の支配に従属しなければならないとされます。

このように伝統的な政治学では、感情の存在を認めつつも、最後は理性がすべてを制御するという考えが長らく有力でした。やがて経済学において、すべてをコントロールできるような理性を否定し、各個人の欲望を市場メカニズムによって調整するという考えも出てきます。政治学もそれに影響されるわけですが、最終的に政治が人間の「感情」の問題をうまく捉えてきたかは、疑問が残ります。また、貧困問題をめぐる政治はあっても、もっと素朴に「人と人が一緒にものを食べる」ことをうまく扱うことができずに来ました。

――先ほど言及したセガートさんは、「ドメスティックなものをパブリックな言葉に翻訳すること」を否定して、代わりに「ドメスティックなものを再政治化」することを提案し、こう言います。「武力であれ選挙であれ、歴史を方向転換するために国家権力を握るという戦略がつねに失敗してきたことは、それが答えになりえないことを示している。なぜなら、国家権力は結局のところ、権力を行使する者の理性を押し付けるものだからだ」。これは、統治や行政府の問題とも関わるところですが、結局は統治する側の理性によって抑圧されてしまうのであれば、いくら市民や国民の感情を吸い上げたところで、意味を失ってしまいます。

韓国ドラマのなかで感情は欲望と密接に関わり合いながらも、人それぞれが生きてきた時間や、そこで負った傷を打ち出したものです。それを「パブリックな言葉」に簡単に回収してしまうことを、セガートさんは戒めているのだと思います。

まさに宇野さんが、『民主主義のつくり方』のなかでケアという論点を挿入し、人間が脆弱な存在であるという前提のもとに民主主義を考えることはできないのかと提起されたのと近い問題なのかもしれません。

「人が生きてきた時間」というのは、重要な指摘ですね。人間とは誰しもが時間的な存在で

イギリスのカンタベリー巡礼者たちのシェアする食卓　15世紀

す。それは良いことばかりではなく、ときに過去の記憶やトラウマに囚《とら》われ、苦しい思いをしたりする。それでも人間は、自分が生きてきた時間を否定され、無時間な存在として扱われることには耐えられません。

そうした観点からいくと、例えばトランプ支持者の人たちを「フェイクニュースに踊らされている」と批判することは可能であっても、トランプを支持する人たちも、その人なりに生きてきたこととの真実性があることは無視できません。

例えば、かつて自動車産業でアメリカを支えてきて、現在は失業に苦しむ人たちは、「自分たちがこの社会を担ってきたはずなのに、なんでいま自分たちがダメ人間のように言われなければならないのだ」と感じているわけです。それは彼らの人生の時間と記憶が育ててきた誇りに関わる感情ですよね。「そんなのは自分勝手な思い込みに過ぎない」と言うことは、ものすごく不《ふ》遜《そん》なことです。

かつての白人のマッチョな社会に戻るのがいいというわけでは決してありませんが、少なくともその人たちにも、自分の物語があることを認めなければならない。実際、ルポルタージュを読むと、トランプの支持者は一人ひとりがカラフルで面白い。

――わかります。

そういう人たちの持っている過去の物語を全部受け入れることはできないにしても、それに一度は耳を傾けない限り、「理性的なリベラル」は社会からますます遊離してしまいます。

依存が自由の条件

――そうした「感情」に政治や行政システムがいかに関わることができるのかを考えるためには、まずもって政治主体としての「個人」のイメージが大きく変わっていく必要があるのではないでしょうか。それこそ、自分自身が脆弱な存在であるという前提から、「自己」や「個人」というものを再編し直すといいますか。

『民主主義のつくり方』のなかで私は、分断され孤立した個人はより強く国家に依存するようになるというトクヴィルの議論を紹介しています。トランプ的な現象の問題は、孤立した個人の行き場がなくなり、国家という「大きな物語」に自らを委ねて依存してしまうところです。もちろん、財政的な行き詰まりを抱えた現在の政府は、彼らを経済的に救済することができません。それでも、トランプはきわめて大衆的な感度の高い人ですから、そうした「大きな物語」への希求を「Make America Great Again」というキャッチコピーによって満たし、多くの人の感情を回収していった。本来であれば、そうした感情は、「大きな物語」をうまく飼い慣らしながら、ドメスティック／ローカルな文化のなかで再文脈化される必要があったのかもしれません。

食事や台所というのは、まさに、その意味でのローカルな文脈ですよね。いまの時代、自分の心の痛みをいやしてくれる「大きな物語」に吸い寄せられてしまいがちなのは仕方のないことかもしれません。それでも、ドメスティックかつローカルなコンテクストのなかで再文脈化を図ることは、戦略として重要です。

またそのときに、私たち自身が「自己」や「個人」をどう想像するのかという点について言いますと、「ケアの倫理学」の議論が参考になります。これまでの政治は「人が脆弱なものであるという事実と、自らが他者によって育まれてきた過去を忘れさせ、自立的な主体を社会の出発点に据えることで、政治的共同体にふさわしいとされるつながりを構想してきた」と政治学者の岡野八代さんは語ります。これは依存をめぐる話で、これまでの政治では、とにかく「依存」は悪いものだと考えられてきました。

——依存しない自立した個人であれ、と。

ルソーが典型例なのですが、ルソーは人に依存するのをとにかくイヤがりました。実際には彼ほど人に依存して生きた人もいないのに、いざ個人の「自由」を語るとそのことを都合よく忘れてしまいます。「主体的な個人でありたい」という願いは、たしかに近代リベラリズムにとっての大切な物語です。ただ、これがつらいのは、現実には他者に多くを依存している人々に、「依存していない自立した主体でなければならない」という抑圧を強く与えてしまうところです。

依存という観点から見ると、近代の政治原理のなかで最も有名な「社会契約論」の「誰にも依存していない独立した個人が、自立的に契約を結んで政治共同体を作る」という理屈には、正直、スタート地点からかなりの無理があります。

「ケア」にまつわる考え方は、そうした矛盾点を指摘しています。現実的に考えて、依存なしに生きることなんて不可能ですよね。先にお話しした革命家たちは、彼らがおにぎりを作ってもらっていたこと自体が悪いのではありません。彼らはあたかも、おにぎりなんかなくても自分たちは革命戦士でいられると思っていることが問題だったわけです。結局、誰かに依存し、頼っているのに、依存したり頼ったりしていることを認めたくない。これは近代の自立的な個人をめぐる物語の宿命的な問題点だと思います。

人は依存しながら生きているし、逆に言えば、自分もどこかで人に頼られている。そういう関係によって個々の人間も社会も成り立っているのに、その根幹が抜け落ちる。それ抜きで「合意形成しよう」と言っても、いったい何を合意するのかという話になってしまいます。

――当事者研究の第一人者、熊谷晋一郎《くまがやしんいちろう》（一九七七－）さんの有名な言葉に「自立というのは依存先を増やすこと」というものがあります。それに則るなら、ルソーが自由でありえたのは、依存先がいっぱいあったからで、むしろルソーは自分の依存先の多さをむしろ誇り、感謝すべきだったのかもしれませんね。逆に依存先が少ないと自由はかえって制限され、場合によっては依存先に支配されてしまう。そう考えると、「自由」と「依存」は対立的な関係にあるのではなく、現実的には、むしろ補完的な関係ですよね。

依存先が少ないことが問題だというのは、その通りですね。一つの依存先がなくなったら生きていけないとなると、ますますそれに依存せざるをえない。ひどい扱いを受けても、受け入れるしかない。そこから支配と隷従が生まれてくる。依存そのものではなく、依存先の集中から問題が生じているのです。逆に依存先が複数あれば、相対的に自由度が増します。

依存か自由かという二項対立自体が間違っていますよね。

ただ、ここに議論の分岐がありますが、こうした依存の話は、ステレオタイプなコミュニタリアニズム（共同体主義）の言説に落ち込んでしまう可能性があります。依存が大事となると、すぐ「個人の自立なんて幻想だ。だから共同体が大切なんだ。人間にとって一番大切なのはどの共同体に属するかなんだ」という話が出てくる。

コミュニタリアニズムは孤立感を抱く個人にとってはいい話にも聞こえます。「コミュニティの回復はいいな」とたしかに思います。けれども、現実のコミュニティに差別的なものや、抑圧的なものがあっても、コミュニティがあるだけまだマシだと肯定されてしまう。コミュニティでも国家でもなく、もっと多元的に人がお互い助け合ったり支えられたりできる、そういう仕組みを構想できないだろうかという課題に行き着きます。

シェアとは持ち寄ること

――以前あるワークショップで、「自分のビジネスが誰に依存しているかを特定してみる」ということをやりました。つまり、自分のビジネスが成り立つためにどれだけ多くの人や業者さんが関わっているのかを考えてみようということです。そこには清掃業者さんやコピー機のメンテナンスをしてくれる人、不動産屋、事務所の近所の飲食店やコンビニなどが考えられますが、いざやってみると、ほとんどの人が全然答えられませんでした。あらゆる仕事は複雑なモノや人や空間のネットワークの上に成り立っていて、それを維持するために無数のモノを外部から調達しているにもかかわらず、先の革命男子のように、スタンドアローンな状態でそれが成立していると信じてしまっています。

　コミュニティというと、空想上の理念的なものを思い浮かべがちですが、まずは自分たちがどういうネットワークのなかで生きているのかを特定してみて、それを「コミュニティ」と呼んでみることが大事な一歩なのかもしれません。

　わかりやすいのは、自分や家族が病気になったり、親が高齢で不自由になったりしたときですよね。自分の無力さと孤独感をしみじみと感じます。逆に言えば、近代社会は、そうしたことを感じさせないように設計されてきたわけです。

　前近代社会は、誰が誰にどう依存しているかがわかりやすく可視化されていて、だから「お前、俺の言うことを聞け」という隷属関係が生まれやすく、ルソーはそのことをひどく嫌ったわけです。しかしながら、近代社会が隷属関係から自由になるというのは建前で、実際は「依存」を見えなくしただけだとも言えます。食事もコンビニで買えば、誰かに依存している感覚を持たずに済む。自分は対価を払っているんだから依存はしていないように思えますが、これも依存を可視化しないための装置でしかない。厳しく言えば、自分が何に頼っているのかわからなくするのが、近代人の自立だったわけです。

――宇野さんの本で印象的だったのは、依存という関係は必ずしも一方的なものではなく、そこには、相互依存というレイヤーがあるという指摘です。つまらない例ですが、私は会社の近所の飲食店に依存していますが、逆にその飲食店も、私を含む近所の来店客に依存しているわけですね。そうした相互性の観点が抜け落ちてしまうと、それこそ「生産者」と「消費者」という関係性のなかで、自分も相手も固定化させられてしまう。

自分自身がどういう相互依存性をもって生きているかをあらためて問い直すことは、政治的な関係性や、経済的な意味での消費者／生産者といった二項対立を緩和し、人が人と出会える余地を生み出してくれますよね。

――シェアハウスをいくつか経営している不動産スタートアップR65代表の山本遼《やまもとりょう》（一九九〇―）さんは、「シェア」というと多くの人が、ある決まった資源を分配することだと思ってしまうけれど、実は違うとおっしゃっていました。そうではなく、「シェアというのは、みんなで持ち寄ることなんだ」と彼は言います。これはとても面白い指摘で、私たちの経済観念や、それに基づく政治観念は、それが「稀少な資源の争奪戦である」という考えに縛られすぎているのかもしれません。「シェア」というと「分配」をすぐに思い浮かべてしまいます。でも、「持ち寄る」ことだと認識すれば、「贈与」や「相互依存」なんていう堅苦しい言葉を使わずとも、違った感覚で民主主義をイメージし直すことができるのかもしれません。

それはいいですね。食事の話にもつながります。みんなで「持ち寄る」は、必ずしも具体的な食べ物でなくても、食事を作るお手伝いや、テーブルセッティングや片付けでもいいのかもしれません。その場を支えるために必要なことを、それぞれができる範囲で持ち寄ろうということですよね。「分担」ではなく「持ち寄る」。先の革命とおにぎりの話も、分担という話になるとどうもギスギスしてしまいますが、みんなで持ち寄るという感覚であれば、そっちのほうがはるかにイメージしやすいですし、豊かさを感じます。

推し活にあるケア

――近代社会の設計というお話で思い出したのですが、イギリスで行われた女性と男性のモビリティ利用に関する面白い比較調査がありました。そこでわかったのは、男性と女性ではまったく利用動向が異なることでした。男性のモビリティ利用は、家と職場とをただ往復するだけの長距離移動がほとんどですが、女性は、移動空間は狭いのですが、そのなかで数種類のモビリティを利用し、かつ細かく移動していることがわかりました。また女性は移動の際に、大きな荷物を多く持っていることが多く、かつ誰かと一緒に移動していることも明らかになり、さらに時間に追われながら移動しているのも圧倒的に女性だという結果が出ました。

誰かを病院につれて行ったり、子どもを迎えに行ったりといったことを女性が担っているということですよね。

――はい。当たり前と言えば当たり前な調査結果ではありますが。

似たような話では、かつて江戸時代の平均的な女性の移動範囲が異様に狭いという話を読んだことがあります。同じ街中を移動するだけで、しかもかなり偏った特定のブロックにしか行かない。そして一生涯そこから出ないという人もすごく多かったそうです。それだけを聞くと、「封建的な社会では、女性は行動を制限されて気の毒だ」と思うかもしれませんが、それは一面の真実ではあるものの、他方では、そのなかでかなり密度の濃い活動をしていた可能性もあるわけですね。女性のモビリティは、ないものとして無視してしまった。

逆に言えば、近代の都市計画は、すべて通勤する男性の視点だったということですよね。朝会社へ移動して、夜家に戻る。あちこちへは行かないけれども、移動距離だけは長い。これを軸に整備したのが、近代的な都市計画でした。そう思えば、女性の側から都市を構想するということは、もっとされていいはずですし、それこそアメリカの作家ジェイン・ジェイコブズ（一九一六－二〇〇六）が構想したような「路地的」な都市のイメージは、今後ますます重要です。

「実験」の時間

――話が少し前後しますが、第5章で、Z世代の八割近くがいわゆる「推し活」をやっているという話をしました。私が感じるのは、世の中がどんどんコンビニ化し、依存先ゼロへと向かうなかにあって、推し活がきわめて重要な依存先になっているのではないかということです。アイドルや歌手を推している行為のどこかは、自分に対するケアの側面がある気がしています。そこには、単なるエンタメ消費以上の切実があるように見えます。

推し活やファンダムの話は、本書でずっと重要な論点となってきましたが、このモデルが求められている理由は、依存という観点からも説明できるということですよね。自分が推しているアイドルに依存しつつ、誰にお金をもらうわけでもないのに、その対象やそのコミュニティのために一生懸命何かをやってしまう。つまり、依存は単に一方的に依存するわけではなく、そこに相互性が発動する。自分が助けてもらったことに対する返答・返礼の気持ちが生まれるわけですね。

――「REN」という植物ケア専門店の店主は、ケアには、「他者をケアすることで自分がケアされる」という構造があると語っています。例えば植物でもアイドルでも、何かをとても大事に思い、それをケアしていくことは、実は自分自身をケアすることになると。もちろんアイドルを直接ケアすることはできないのですが、ファンダムを動かしているのが、ある種のケアの感覚だというのは、実感としてはあるんですね。ちょっと不思議な感覚なのですが。

そうした感覚をいかに引き出すのかということが、おそらくこれからの社会モデルを考える上で一番重要でしょうね。サービスと対価の等価交換の発想だけだと、自発的なものは絶対生まれてきません。ケアの相互性は、人に依存先を与えてくれると同時に、その人に対して自発的に行動しようというインセンティブを与えてくれる。

自分が好きだとか共感できるものでないと、力が出ません。そうした感情こそが実はいま最も切実なわけです。それを語り合う際に「どうやって自分の依存先を複数化するか」と抽象的に問われても戸惑いますが、推し活の話だったら想像できますよね。それはとても重要なことで、「推し活」を楽しく語ることは大事なことなのかもしれません。とくに女性はそれに長けている印象があります。

——ファンダムというものは、もちろん男性のマッチョな感覚で作動している側面もありますが、少なからぬ領域で、女性や子どもをドライバーにして発展している点は注目すべきことかもしれません。また、私がファンダムをはじめとするオンラインコミュニティが面白いと思うのは、人々が体験してきた時間の蓄積があることです。コミュニティで問題が起きたときに、それをみんなでどう乗り越えてきたかといったことが共有知となり、そこから新たな習慣や規範が生まれていく。

人は決して無時間的な存在ではありません。誰もが固有の時間を持っています。それがその人の誇りや自尊心にもつながり、自分というものの根拠にもなるし、痛みにもなる。だからいま、歴史というものを語るのが難しくなっている。正しい歴史、客観的な歴史と言ったところで、結局のところ、みんなが自分にとって一番都合のいい物語を作って歴史に投影してしまっている。いま歴史を語ろうとすると必ず大ゲンカになってしまいます。

そうした状況のなかで、どうやって「歴史の共有」を実現できるのかは、なかなか一筋縄ではいかない難問です。しかしながらそれも「大きな歴史」ではなく、身の周りにあるような「小さな歴史」であれば、自分の記憶や体験を、人のそれと重ね合わせることができるかもしれません。

――プラグマティズムの話でも、仮説を立てて実験してみて検証してというプロセスには、時間が含まれていますよね。ある実験をみんなで繰り返していくことで、さまざまな試行錯誤が共有の体験となっていきます。それは、大げさに言ってしまえば「歴史の共有」なのではないかと思います。そこで重要なのは、実験の「結果」ではなく、むしろ共有されたプロセスであり、時間です。逆に言えば、いまの現状の政治の話は、時間やプロセスに対する感覚があまりに希薄であるように感じます。「やってみた」を繰り返して、失敗も含めて共有知とするという発想が入る余地がない。つねに「正解」を探し、うまくいかなかったら、ただ忘れる。

政治はとかく短時間的になっていますよね。以前であれば数十年後、あるいは数百年後にどういう国を残すかとか、どういう風景を残すかとかという話もありましたが、近視眼的な成果だけを求めるようになってしまっています。

それに対して、いまのお話は、あるときの挫折とか失敗が継承されて、共有知が形成されていけば、それは失敗ではなくなるということですよね。失敗はある瞬間で切ってしまうと失敗として完結してしまうけれど、失敗の経験とその痛みとを共有することができれば、それがむしろ共通の資源となる。つまり、失敗に時間を入れ込まないと、瞬間瞬間のただの投機になってしまう。

いま「トライ＆エラー」という言葉が日本で流行らないのは、日本社会の高齢化が進み、ここで失敗したら終わるという感覚があるのでしょう。若ければ「長い目で見ればいつか取り返しがつくよ」と思えますが、社会全体が高齢化してくると、「ここで失敗したらアウトだ。二度と取り戻せない」となる。そういう社会でプラグマティズムを語ると「そんな博打《ばくち》、誰がやれるか」という話になりかねないですが、「実験」を通して学び続けるプロセスと考えれば、「結果」に囚われずに済むようになりますね。

——第５章で庭師を例にしましたが、庭づくりは完成がないから面白いのだと思います。完成はなく、ただ、ずっと手を入れ続ける。

それはコミュニティを立て直すということにもつながります。思いを共有できる人と一緒に体験を育くんでいけばいい。やってみたことと結果とが、必ずしも一対一の関係でなくてもいい。一緒に学んでいく体験を重ねていくなかに充足感がある。一緒に前に進んでいるという体験が、とくに自分の人生が有限だと思っている高齢世代にとってみると、むしろ救いになるのかもしれません。

「実験」という考え方は、一つの実験をやると、そこから新たな問いが出てきて、次へ次へと進んでいくことで、それ自体を楽しむことでもありますね。答えを探すのではなく、問いを探す。実験哲学というのは、まさにそれですね。

じっくり問いを探す

——「問い」といえば、以前「検索の学校」というプログラムを企画して、参加者に色々なお題を投げかけ、検索をしてもらったりしました。そこで「いまアメリカで一番イケてる映画監督を検索せよ」というお題を出したときに面白いなと思ったのは、多くの人が「イケてる」を定義しようとしたことです。でも、本来「イケてる」に定義なんかあるわけないですよね。つねに揺れ動いているものですからね。

――こうした検索においては、定義から答えを導き出そうとするのは無意味で、むしろ「いまイケてる」の近くにどんな言葉やキーワードがあるのかを探すことがここでは重要です。例えば、いまでしたら、「Cool」「Director」と検索すると「女性」「黒人」といったキーワードがすぐに目につきます。そしたら次に、「Female Director」で検索してみる。すると、たくさん引っかかってきた記事やサイトのなかにたくさんの固有名が出てきます。そのなかに頻出する名前に気づく。そうやって、徐々に「いまイケてる監督」に近づいていくわけです。ここで思ったのは、検索は、答えを探すのではなく、むしろ次の問いを探すものなのだということです。

次の検索ワードを探していく道のりであると。

――はい。そこからあらためて思ったのは、インターネットというのは、定義や本質、真実を探すのにはまるで向いていなくて、むしろ情報と情報の距離や社会的な重みづけをランクづけすることは得意だということです。これは検索アルゴリズムの性質を考えれば当たり前の話で、だからこそ定義や本質を求めてインターネットと向き合ってしまうと、おかしなズレが生じるのですが、相変わらず多くの人が本質論に行こうとしてしまっています。

私は政治思想史と政治哲学を両方研究しているのですが、実はかなり違うものです。いまの話につなげますと、政治哲学では、やはり「定義」が一番大切で、ある概念を使うときに、その概念をどう定義づけ、それを構成する要素をいかに分析するかが肝心です。定義抜きに議論しても何の意味もないというのが政治哲学の発想であるのに対して、政治思想史は、概念というものが歴史のなかでどう変わってきているかを見る学問です。

同じ言葉という対象についても、歴史の文脈のなかで意味が変遷するところを面白がるのか、あるいはそれを曖昧さとして批判するか。ですから、政治哲学の人と政治思想史の人が議論をすると、入り口ですれ違ってしまってかみ合わないことがあります。

——陰謀論やフェイクニュースの問題をめぐる議論でも、どこかに「本質」や「真実」があるという前提がありますが、少なくともインターネットのなかでは、それを求めても何も出てこない気がします。

私からすると、本質を短時間で確定しようという考えは、時間を終わらせようとする行為だと思えます。それはむしろ未来の発展を止めてしまう。

時間を止めてはいけないし、無時間的なモデルで考えてもいけない。ただ、だからといって時間を経済的な意味での「成長」と結びつけることにも問題があります。成長という言葉にはどこかにゴールが潜在していますよね。目的論的思考がどこかにある。本当にラディカルな実験社会のカギは、つねに変わり続けることをどう受け入れるかなのかもしれません。

そのなかで人が、時間とともにいかに「深まる」のか、「密度が増す」のか。

——検索やChatGPT、画像生成AIの面白さは、それが固定的ではなく、むしろ非常に儚《はかな》い

ものだという点にあるのだと感じます。というのも、検索したり、画像を生成させるたびに違う結果が出てきたりして、非常に流動的で、生成的です。ところが、そうした特性を考慮せず、本質論や定義を探すマインドセットでそれと向かい合ってしまうと、おかしなことになってしまいます。今後インターネットやAIが社会を形づくっていくことになるのだとすれば、私たち自身が、それらの原理に即したスタンスや思考回路を身につけていく必要があるように感じます。

そうだとするなら、インターネットによって規定された社会に最も適合的な社会モデルは、その都度アセンブル（組み立て）し直しながら自己生成することができる社会なのかもしれません。検索のイメージに則って、その都度編成しながら自己生成していく社会というモデルがありうるかもしれない。プラグマティズムを、「みんなが絶えず実験をしながら、問いを探していく社会」と読み替える。逆に、短期的な「答え」が与えられていくことで、みんなが思考放棄に陥り、安易に「最終解決」を求めるような社会は、やはり嫌なのです。

——本書の「実験の民主主義」というタイトルに、まさにその願いが込められています。

本書自体が実験であり、プロセスであり、生成の場でもある。答えではなく、問いを探す。民主主義とは何かを実験的に考察する本書、この対話自体が、民主主義の実験であってほしいですね。

ブリューゲル《干草の収穫》（部分）　1565年

聞き手をつとめて

若林　恵

日本を代表する政治思想史の大家、宇野重規さんの聞き手をつとめ、何とか本書を出版することができたとはいえ、心のなかの不安が柔らぐことはない。

お察しの通り、私は政治学の専門家でないどころか「民主主義」についても専門的な知識を持ち合わせていない。テクノロジーメディアに携わっていたことから、少しばかりデジタル社会を語れたとしても体系的と呼ぶにはほど遠い。（あえて言うなら）分野の権威である宇野さんの聞き手として民主主義を語り、中公新書のような知の殿堂に列せられるのは、本来ありえないことだし、あってはならないことだ。

とはいえ、政治をめぐる視野、思考、言説が、「権威」や「本来性」に囲いこまれて可動域が狭まってしまっているのであれば、それらをいったん解除し、門外漢の立場から「政治はかくあるべし」という思い込みをほぐすことができるのではないかと考えることは許されるはずだ。そう自分を説得してこのプロジェクトに参加したものの、正直内心不安だった。

本書のなかで、宇野さんは、現代の学生が「自分には政治に参加する資格がないと感じている」と漏らしている。「政治」や「民主主義」、あるいは「市民」といった言葉が、それだけで人を気後れさせ、遠ざけ、ときに嫌悪や憎悪を催させるものになっていることは実感的に想像できる。そうした心理を、反知性的、反啓蒙的と批判することは間違ってはいないだろうし、言われた側もそれを認めることはやぶさかではないだろう。ただそうした批判は、私のような「サボりたい有権者」を覚醒させるというよりは、かえってそこから遠ざける悪循環をもたらしてしまう。

宇野さんのもとで学ぶ学生たちが、「政治参加」を語るにあたって「資格」という言葉を使ったことはあらためて重要だ。本書内で宇野さんが簡潔に振り返ってくださった通り、民主主義の歴史はまさに「選挙の参加資格」をめぐって推移してきた。当初貴族の男性だけに限られた参加資格は、時代がくだるなかで、商人、賃金労働者、女性、有色人種、消費者へと拡大され、二〇世紀の後半になると、「大体みんな」がそこに包摂された。つまり、満一八歳という障壁以上の参加資格は本来存在していないはずだが、にもかかわらず、学生たちはそこに資格のバリアがあると感じている。

学生たちが感じるこうした気後れは、きっと、宇野さんの聞き手として民主主義について語ることへの私自身の気後れと通じている。私の場合、その気後れは参加資格の有無が「リテラシー」を基準に判定されているという感覚に由来し、その根源には「頭が悪いと思われるのではないか」という不安がある。バカだと思われたくないから遠ざかる。といって、黙って引き下がるのもなんだか悔しい。そこで私なりに抱くようになったのは、「いったいこの世はいつからこんなに「リテラシー重視」なのか」という苦しまぎれな問いだった。

本文中でも触れた通り、この問いを考える手がかりを授けてくれたのが、宇野さんの『民主主義のつくり方』だった。私は、宇野さんが語った「ルソー（意志）」から「プラグマティズム（実験）」への転回を、台湾のITデジタル担当大臣オードリー・タンさんが語る「リテラシー（知）」から「コンピテンシー（行為）」への転回と重ね合わせ、そこに積年のコンプレックスを晴らす道筋だけでなく、デジタル社会を動かしているかもしれない「趨勢」を読み解くヒントを見出した。

ソーシャルメディアでの醜い攻防や、YouTubeやTikTokにアップされるばかばかしい動画、ユーチューバーに憧れる子どもたちは、「意志・知・リテラシー」という観点から見れば、たしかに愚かにしか見えない。ところが「実験・行為・コンピテンシー」というフレームから覗《のぞ》き直してみると、そこにまったく別の意味や価値が存在しうることが見えてくる。もちろんリテラシーからコンピテンシーへの転回がただちに良い民主主義をもたらすわけではないが、それでも思考のフレームを変えてみることで、硬直した現状認識を揺さぶることはできる。

そうやってあらためてあたりを見回してみると、例えばK-POPファンの「推し活」にも積極的な意味を見出すことができそうに思えてくる。田中絵里菜《たなかえりな》（一九八九－）さんの『K-POPはなぜ世界を熱くするのか』（二〇二一年）を宇野さんの『トクヴィル』と引き合わせてみたら、「ファンダム」と「アソシエーション」が自分のなかで一つの像を結んだ。「K-POP」あるいは「マインクラフト」などを題材に、これってアソシエーションじゃないですか？　プラグマティズムじゃないですか？　実験の民主主義じゃないですか？　私は宇野さんに問うてみたくてならなかった。

そんな渇望から生まれた本は、必然的に、本というものをリテラシーの産物としてではなく、コンピテンシーを紡ぎ合わせることで何かが生成される場として捉えることを求める。「思考すること」を上から下への「伝達」ではなく、双方向的かつ協働的な「行為」として実行すること。対話を一つの実験として遂行すること。かくして本書は、およそ三時間ずつ六回、約二〇時間にわたる宇野さんと私（と、ときに中公新書編集部の胡逸高さん）の対話をもとに生成された。基本的な事前プロットはあったものの、いずれの対話も、暗中模索の果てにたどり着いた場所に自分たち自身が驚くようなものとなった。

いうまでもなく、対話をドライブし、道筋を見出してくださったのは、宇野さんの膨大な知識と精緻なロジックだ。私が放ったビーンボールを見事に打ち返し展開する、宇野さんの知性のしなやかさに、きっと誰もが舌を巻くはずだ。だが本書の価値はそれだけではない。権威や資格をいったん脇に置いて、不安定な対話に身を晒してくださった宇野さんと胡さんの勇気こそが本書全体の価値を支えているのだと、ここでは力説しておきたい。

「シェア」が「みんなで持ち寄る」ことなのであれば、宇野さんが持ち寄ってくださったものはあまりに多く、私はそれにフリーライドするばかりで恥ずかしい限りだが、門外漢ながら持ち寄れるものは持ち寄ったつもりだ。宇野さんは、私がテーブルに置いた見劣りする食材を、却下することも否定することもなく、そこからどんな料理を生み出すことができるのかを丹念に実験してくださった。その姿勢に、「実験としての民主主義」にこの世界の未来を懸ける宇野さんの強い思いを感じては、身震いするばかりだった。

語り手のあとがき

宇野重規

思わず、遠いところにまで来てしまったのかもしれない。対話を終えて、しみじみとそう思う。出発点は、これまで自分が研究してきた政治思想家のトクヴィルの議論を、新鮮な気持ちで論じ直したいということだった。若林さんという最高の聞き手を得て、その思いを十二分に実現できたと思う。

何より、トクヴィルをデジタル時代の民主主義と関連づけて論じることができたのが、自分としては有意義であった。これは決して牽強付会な話ではなかったと信じている。とくに、トクヴィル自身が民主主義の起源を論じるにあたって郵便や印刷術に言及している。トクヴィルの思考に、間違いなくメディア論的な視点が含まれていることを確認できたのは、本書の意義の一つであろう。トクヴィルの平等論に新たな光を当てられたとすればうれしい。

一方で、話の流れのなかで、プラグマティズム論に話題が進んでいったのは意外でもあった。なるほど、自分自身、かつて『民主主義のつくり方』（筑摩選書）を執筆し、そこでチャールズ・サンダース・パースやウィリアム・ジェームズ、あるいはジョン・デューイのプラグマティズム論に触れたことがある。以来、彼らのプラグマティズム論を民主主義論として展開することは、私の重要な研究テーマであり続けている。そのようなプラグマティズム的な民主主義論を、今回若林さんがあらためて取り上げてくださったのは、ありがたいことであった。

とはいえ、自分のなかでトクヴィル論とプラグマティズム論がどのように結びついているかは、これまで必ずしも定かでなかった。本書では、トクヴィルの地方自治やアソシエーション（結社）への関心を、プラグマティズム的な「実験の民主主義」と関連づけることで議論が展開している。両者はいずれも、単一の民意が存在することを前提とするルソー的な民主主義論に対する挑戦であった。その意味で、過去10年以上にわたる自分の諸研究を多少とも「総合」することができたとすれば、そこからさらに進むための重要な一里塚になったと思う。

しかしながら、筆者にとっての意義はともかく、読者にとって、本書はいかなるメッセージを提示しているかのほうが重要であろう。大きくいえば、本書は民主主義論に対し、二つの角度から問題提起をしている。

一つは執行権（行政権）への着目である。本書において詳しく論じているように、これまでの民主主義論はどちらかといえば、むしろ立法権中心であった。もちろん、有権者の意志を、立法の過程を通じていかに実現するかという主題が重要であることは、あらためて強調するまでもない。とはいえ、このような立法権中心主義によって、覆い隠されてしまったものがあるとすれば、その最たるものが執行権の問題であろう。なるほど、議院内閣制においては国民によって選ばれた議会の制定法が執行されることによって、また大統領制においては政府の長が国民に直接選挙されることによって、執行権の民主的なコントロールが実現している。

しかしながら、今日においてますますその影響力を拡大している執行権に対し、民主主義は選挙を通じてしか働きかけることができないのか。言い換えれば、日々の執行権の営みに対し、私たちはより直接的に影響力を行使することはできないのか。もし現代のテクノロジーの発展によって、執行権の民主的コントロールが実現できるとすれば、民主主義はその射程を大きく広げることになる。本書の第一のメッセージはこの可能性をめぐってのものである。

私たちは、日々、執行権（行政権）に働きかけることができる。政府の情報を開示させ、単にそれをチェックするだけではなく、自らの意見や問題意識をより直接的に政策に反映させることができる。それは政策のデザイン思考が語られる現代において、行政サイドから求められている動きでもある。政策形成は、そのエンドユーザーである市民の問題意識をいままで以上に反映すべきである。その意味で私たちは、かつてルソーが嘆いたように、「選挙の日だけ自由である」わけではない。選挙以外にも、民主主義を実現する方策は存在するのだ。

第二のメッセージは、新たなアソシエーションとしてのファンダムである。トクヴィルがアメリカにおいて発見したのは、普通の市民が他の市民と協力しながら、地域の課題を自ら解決していく技術（アート）であった。そのために彼が注目したのがアソシエーションである。このアソシエーションを現代的に翻訳すると、NPOやNGOになるということは、これまでも繰り返し論じられてきた。しかしながら本書では、実に意外なことに、いわゆる「推し活」などが話題になる、映画やドラマ、音楽などをめぐるファンの活動に着目している。

この一見すると突拍子もない問題提起は、政治思想史的にいえば、無根拠なものではない。何より、近代の代議制民主主義において中心的な役割を果たす政党は、本来は私的な党派や分派に過ぎなかった。これを近代的な政党論へと読み替えたのが、本書でも論じているように、英国のヒュームやバークらであった。彼らは政党を単に必要悪として承認するだけでなく、むしろそこに人々の多様な意見や利害を集約する機能を託したのである。このことによって、本来は私的な人々の集まりであったものが、共通の政治的理念や利害によって結ばれ、政権獲得を目指して活動する近代的な政党へと発展していった。

そのような政党も、起源においては、共通の趣味関心によって結びつけられたクラブなどの自発的な結社であった。そうだとすれば、現代においてそれにあたるのは、ファンダムではないか。このことが本書のもう一つのメッセージとなっている。その際に、ファンダムに見られる排他性や独善性をできる限り薄め、むしろそこにあるメンバーの無償の贈与や自発的協力の側面を強化していきたいというのが、私と若林さんの出した結論である。

もちろん、現実にはトランプ現象に見られるように、特定のポピュリスト指導者を理屈抜きで熱狂的に支持する「ファンダム」が、いわば悪い意味で注目されているのが現在である。だからといって、ファンダムをポピュリスト指導者たちだけの道具にしておく理由はないだろう。むしろ、現代的なファンダムのなかから「21世紀の政党」の新たなモデルを見出せないかというのが、本書のもう一つの主張となる。

さらに、政治思想史研究者と卓越した編集者のコラボ作品である本書は、学問と社会を結びつける、新たな可能性を示唆している。研究者にとって第一義的に重要なのが、専門家内部における厳しい業績評価であることは言うまでもない。そのために必要なのが、分野ごとの方法論や評価基準である。それぞれの学問は、固有のディシプリン（専門性）とピア・レビュー（査読）によって成り立っている。このような「学問の独立」が今日、あらためて強調されていることを私たちは忘れてはならない。日本学術会議の任命拒否問題が起きた日本もまた、その例外ではない。

とはいえ、そのことは、研究者が狭い意味でのアカデミズムに閉じこもることを決して正当化しない。むしろ自らに厳しい研究倫理を課している現代の研究者たちは、その成果を広く社会に還元していくべきであろう。研究者のコミュニティが成り立ち、広く支えられているのも、その果たしている社会的な機能のおかげである。学術や研究が「それはいったい何の役に立つのか」という基準、とくに経済的基準によってのみ測られることはアカデミズムにとって大きな危機であるが、だからといって、研究者が社会的に何らかの役割を果たすことが否定されるわけではない。

ただし研究者自身は、自らの研究が社会に対してどのような意義を持つのか、必ずしも自覚しているわけではない。そのようなときに必要になるのが、有能な「編集者」の存在である。この場合の「編集者」とは、いわゆる職業的な編集者だけではない。むしろ自分自身が特定分野の専門家ではなくても、さまざまな専門家の知見を理解し、その社会的意義を発見するのが「編集者」である。昨今、いわゆるアカデミック・ジャーナリズムやアカデミック・ライターがしばしば話題になるが、それに限られるわけではない。広く学術や研究活動を社会に結びつけていく活動一般を、ここでは「編集者」の仕事と呼びたい。本書において若林さんが果たしてくださったのは、まさにこの意味での「編集者」の仕事であった（中央公論編集部の胡逸高さんとともに、本書は三人の協力によって「編集」された）。本書のような研究者と編集者のコラボが、これからも発展していくことを期待したい。

何より対話は楽しい。そんな雰囲気が少しでも読者の皆さんに伝われば、これにまさる喜びはない。

2023年9月

イギリスのカンタベリー巡礼者たちのシェアする食卓　15世紀
Geoffrey Chaucer's Canterbury Tales. Photo by The Print Collector/Getty Images.

ブリューゲル《干草の収穫》（部分）　1565年
The Hay Harvest. Detail. Oil on oakwood（1565）. Total size 117×161 cm. Inv. O 9299. Photo by Imagno/Getty Images.

※注記のない画像はpublic domainである

図版出典

第4章

ド・ゴールと支持者たち
Photo by REPORTERS ASSOCIES\Gamma-Rapho via Getty Images.

ゲーム・エキスポでコスプレイヤーを囲むファン
Photo by Chen Yuyu/VCG via Getty Images.

第5章

オードリー・タン
creative commons, 台湾行政院数位発展部

開拓時代の棟上げ式に集う家族たち　アメリカ・ミシガン州、1903年
Isaiah Bowman, Barn Raising. Photo by JHU Sheridan Libraries/Gado/Getty Images.

ゲーム「フォートナイト」内でのBLM支援キャンペーン　アメリカ・カリフォルニア州、2020年7月4日
Photo by Neilson Barnard/Getty Images.

第6章

ホイッグとトーリーの収賄合戦
New York Public Library. Photo by Smith Collection/Gado/Getty Images.

ハンナ・アーレント
Picture Alliance/アフロ

イギリスのジェントルマンズクラブ
Photo by: Universal History Archive/Universal Images Group via Getty Images.

婦人参政権のデモ　ロンドン、1912年
Photo by © Hulton-Deutsch Collection/CORBIS/Corbis via Getty Images.

第7章

60年安保闘争
Photo by ullstein bild/ullstein bild via Getty Images.

図版出典

第１章
ベンジャミン・フランクリン、雷の電気実験　1752年
Photo by Universal History Archive/Getty Images.

アンドリュー・ジャクソン
Photo by: Universal History Archive/Universal Images Group via Getty Images

アメリカ・ロングアイランドの風景　18世紀初頭
Photo by: Sepia Times/Universal Images Group via Getty Images.

マインクラフトの3D世界
Iurii Vlasenko / Alamy Stock Photo

第２章
タウンシップで集会所に向かう巡礼者
Bettmann / Getty Images.

1910年頃のポストマン
Photo by Vintage Images/Getty Images.

アメリカ連邦議会議事堂襲撃　2021年１月６日
photo by Brent Stirton/Getty Images.

第３章
スペイン風邪の隔離キャンプ　アメリカ・メイン州
Bettmann / Getty Images.

20世紀初頭の理想的監獄
1904, Projected by architects Joseph Domenech Estapa and Salvador Vials, Drawing by Bolet for ʻThe Artistic Illustration, 1887. Photo by Prisma/UIG/Getty Images.

ロックダウン中の中国・武漢　2020年１月27日
Photo by Getty Images.

2013年
平田茂樹『科挙と官僚制』山川出版社、1997年
宮崎市定『科挙——中国の試験地獄』中公新書、1963年
與那覇潤『中国化する日本——日中「文明の衝突」一千年【増補版】』文春文庫、2014年

デイヴィッド・グレーバー、片岡大右訳『民主主義の非西洋起源』以文社、2020年
デイヴィッド・グレーバー、酒井隆史・高祖岩三郎・佐々木夏子訳『負債論』以文社、2016年
黒田明伸『貨幣システムの世界史』岩波現代文庫、2020年
黒田明伸『中華帝国の構造と世界経済』名古屋大学出版会、1994年
ジェイン・ジェイコブズ、中村達也訳『発展する地域 衰退する地域——地域が自立するための経済学』ちくま学芸文庫、2012年
グレゴワール・シャマユー、信友建志訳『統治不能社会——権威主義的ネオリベラル主義の系譜学』明石書店、2022年
フリードリヒ・A・ハイエク、田中眞晴・田中秀夫訳『市場・知識・自由——自由主義の経済思想』ミネルヴァ書房、1986年
フリードリヒ・A・ハイエク、渡辺幹雄訳『致命的な思いあがり　ハイエク全集　第2期』春秋社、2009年
フリードリヒ・A・カール・ポランニー、玉野井芳郎・石井溥・長尾史郎・平野健一郎・木畑洋一・吉沢英成訳『経済の文明史』ちくま学芸文庫、2003年
カール・ポランニー、福田邦夫・池田昭光・東風谷太一・佐久間寛訳『経済と自由』ちくま学芸文庫、2015年

†フェミニズムとケア

飯野由里子・星加良司・西倉実季『「社会」を扱う新たなモード——「障害の社会モデル」の使い方』生活書院、2022年
岡野八代『フェミニズムの政治学——ケアの倫理をグローバル社会へ』みすず書房、2012年
綾屋紗月・熊谷晋一郎『つながりの作法——同じでもなく 違うでもなく』生活人新書、2010年
ジョアン・C・トロント、岡野八代著『ケアするのは誰か？——新しい民主主義のかたちへ』白澤社、2020年
中村敏子『女性差別はどう作られてきたか』集英社新書、2021年

†オルタナティブな哲学

東浩紀『観光客の哲学』ゲンロン、2023年
東浩紀『訂正可能性の哲学【増補版】』ゲンロン、2023年
柄谷行人『哲学の起源』岩波現代文庫、2020年
古田徹也『言葉の魂の哲学』講談社選書メチエ、2018年
古田徹也『はじめてのヴィトゲンシュタイン』NHKSブックス、2020年

†中国

アレクサンダー・ウッドサイド、秦玲子・古田元夫訳『ロスト・モダニティーズ——中国・ベトナム・朝鮮の科挙官僚制と現代世界』NTT出版、

界のしくみを読み解く』NHK出版、2002年
藤井保文・尾原 和啓『アフターデジタル——オフラインのない時代に生き残る』日経BP社、2019年
マシュー・ボール、井口耕二訳『ザ・メタバース——世界を創り変えしもの』飛鳥新社、2022年
マーシャル・マクルーハン、森常治訳『グーテンベルクの銀河系——活字人間の形成』みすず書房、1986年

†ファンダムと新しい経済圏

一條貴彰『インディーゲーム・サバイバルガイド』技術評論社、2021年
ユリア・エブナー『ゴーイング・ダーク——12の過激主義組織潜入ルポ』左右社、2021年
岡部大介『ファンカルチャーのデザイン』共立出版、2021年
黒田美代子『商人たちの共和国——世界最古のスーク、アレッポ【新版】』藤原書店、2016年
中山淳雄『推しエコノミー——「仮想一等地」が変えるエンタメの未来』日経BP、2021年
中山淳雄『オタク経済圏創世記　GAFAの次は2.5次元コミュニティが世界の主役になる件』日経BP、2019年
藤田直哉『ゲームが教える世界の論点』集英社新書、2023年
ジョン・マクミラン、瀧澤弘和・木村友二訳『【新版】市場を創る——バザールからネット取引まで』慶應義塾大学出版会、2021年
ジェームス・モンタギュー、田邊雅之訳『ULTRAS——ウルトラス 世界最凶のゴール裏ジャーニー』カンゼン、2021年

†プラグマティズム

荒木優太『転んでもいい主義のあゆみ——日本のプラグマティズム入門』フィルムアート社、2021年
伊藤邦武『プラグマティズム入門』ちくま新書、2016年
鶴見和子『デューイ・こらいどすこーぷ』未来社、1963年
鶴見俊輔『アメリカ哲学』講談社学術文庫、1986年
鶴見俊輔『デューイ　人類の知的遺産〈60〉』講談社、1984年
ルイ・メナンド、野口良平・那須耕介・石井素子訳『メタフィジカル・クラブ——米国100年の精神史【新装版】』みすず書房、2021年

†経済

楠茂樹『ハイエク主義の「企業の社会的責任」論』勁草書房、2016年
アルトゥーロ・エスコバル、北野収訳『開発との遭遇——第三世界の発明と解体』新評論、2022年
Arturo Escobar, *Designs for the Pluriverse: Radical Interdependence, Autonomy, and the Making of Worlds,* Duke University Press.

ちくま文庫、1990年
ウォルト・ホイットマン、飯野友幸訳『おれにはアメリカの歌声が聴こえる――草の葉(抄)』光文社古典新訳文庫、2007年
ケイトリン・ローゼンタール、川添節子訳『奴隷会計――支配とマネジメント』みすず書房、2022年
渡辺靖『リバタリアニズム――アメリカを揺るがす自由至上主義』中公新書、2019年

†官僚制

大沢真理『イギリス社会政策史』東京大学出版会、1986年
デイヴィッド・グレーバー酒井隆史訳『官僚制のユートピア』以文社、2017年
デイヴィッド・グレーバー、酒井隆史・芳賀達彦・森田和樹訳)『ブルシット・ジョブ』岩波書店、2020年
キャス・サンスティーン、西田亮介・田総恵子訳『シンプルな政府――"規制"をいかにデザインするか』NTT出版、2017年
野口雅弘『官僚制批判の論理と心理――デモクラシーの友と敵』中公新書、2011年

†政治

キャス・サンスティーン、那須耕介訳『熟議が壊れるとき――民主政と憲法解釈の統治理論』勁草書房、2012年
エドマンド・バーク『フランス革命の省察』みすず書房、1997年
ジェイムズ・S・フィシュキン、曽根泰教他訳『人々の声が響き合うとき――熟議空間と民主主義』早川書房、2011年
待鳥聡史『政治改革再考――変貌を遂げた国家の軌跡』新潮選書、2020年
待鳥聡史『代議制民主主義――「民意」と「政治家」を問い直す』中公新書、2015年
待鳥聡史・宇野重規『社会のなかのコモンズ――公共性を超えて』白水社、2019年
山本圭『現代民主主義――指導者論から熟議、ポピュリズムまで』中公新書、2021年
吉田徹『くじ引き民主主義――政治にイノヴェーションを起こす』光文社新書、2021年

†デジタル

Balaji Srinivasan “The Network State” https://thenetworkstate.com
デイヴィッド・バーチ、松本裕訳『ビットコインはチグリス川を漂う――マネーテクノロジーの未来史』みすず書房、2018年
アルバート・ラズロ・バラバシ、青木薫訳『新ネットワーク思考――世

橋本治『江戸にフランス革命を！』青土社、2019年
松沢裕作『日本近代社会史』有斐閣、2022年

†技術と民主主義

ハンナ・アーレント、大久保和郎・大島通義・大島かおり訳『全体主義の起原　1〜3【新版】』みすず書房、2017年
イヴァン・イリイチ、栗原彬・玉野井芳郎訳『シャドウ・ワーク』岩波書店、1990年
イヴァン・イリイチ、大久保直幹訳『エネルギーと公正』晶文社、1979年
イヴァン・イリイチ、東洋・小澤周三訳『脱学校の社会』東京創元社、1977年
イヴァン・イリイチ、岡部佳世訳『テクストのぶどう畑で』法政大学出版局、1995年
梶谷懐・高口康太『幸福な監視国家・中国』NHK出版新書、2019年
喬良・王湘穂、坂井臣之助監修、Liu Qi訳『超限戦——21世紀の「新しい戦争」』角川新書、2020年
ペトル・シュクラバーネク、大脇幸志郎訳『健康禍——人間的医学の終焉と強制的健康主義の台頭』生活の医療、2020年
マルティン・ハイデッガー、関口浩訳『技術への問い』平凡社ライブラリー、2013年
ジェフリー・ハーフ、中村幹雄・姫岡とし子・谷口健治訳『保守革命とモダニズム』岩波書店、1991年
坂井豊貴『暗号通貨 vs. 国家——ビットコインは終わらない』SB新書、2019年
ラウル・アリキヴィ、前田陽二『未来型国家エストニアの挑戦——電子政府がひらく世界』インプレスR&D、2016年
ジャニス・ミムラ、安達まみ・高橋実紗子訳『帝国の計画とファシズム——革新官僚、満洲国と戦時下の日本国家』
アーロン・S・モーア、塚原東吾訳『「大東亜」を建設する—— 帝国日本の技術とイデオロギー』人文書院、2019年
エルンスト・ユンガー、川合全弘訳『労働者——支配と形態 』月曜社、2013年
フリードリヒ・ゲオルク・ユンガー、今井敦・桐原隆弘・中島邦雄・FGユンガー研究会 訳『技術の完成』人文書院、2018年

†アメリカ

植村邦彦『隠された奴隷制』集英社新書、2019年
シェルドン・S・ウォリン、千葉眞・山岡龍一・斎藤眞・木部尚志訳『アメリカ憲法の呪縛』みすず書房、2006年
リチャード・ブローティガン、池澤夏樹訳『チャイナタウンからの葉書』

第2版』未来社、1973年
フローベール、伊吹武彦訳『ボヴァリー夫人　上・下』岩波文庫、1960年
ペティ、大内兵衛・松川七郎訳『政治算術』岩波文庫、1955年
松村圭一郎編『働くことの人類学【活字版】仕事と自由をめぐる8つの対話』黒鳥社、2021年
松村圭一郎・中川理・石井美保編『文化人類学の思考法』世界思想社、2019年
松村圭一郎『旋回する人類学』講談社、2023年
宮内泰介『なぜ環境保全はうまくいかないのか』新泉社、2013年
J・S・ミル、関口正司訳『代議制統治論』岩波書店、2019年
カール・マルクス、丘沢静也訳『ルイ・ボナパルトのブリュメール18日』講談社学術文庫、2020年
宮本常一『忘れられた日本人』岩波文庫、1984年
森元斎『アナキズム入門』ちくま新書、2017年
モンテスキュー、野田良之訳『法の精神　上・中・下』岩波文庫、1989年
モンテーニュ、原二郎訳『エセー　1～6』岩波文庫、1965-67年
デイヴィッド・リースマン、加藤秀俊訳『孤独な群衆　上・下』みすず書房、2013年
J・J・ルソー、桑原武夫他訳『社会契約論』岩波文庫、1954年
ピエール・レヴィ、米山優・清水高志・曽我千亜紀・井上寛雄訳『ポストメディア人類学に向けて――集合的知性』水声社、2015年
ピエール・ロザンヴァロン、古城毅・赤羽悠・安藤裕介・稲永祐介・永見瑞木・中村督、宇野重規解説『良き統治――大統領制化する民主主義』みすず書房、2020年
ジョン・ロック、加藤節訳『完訳 統治二論』岩波文庫、2010年
ジョン・ロールズ、川本隆史・福間聡・神島裕子訳『正義論』紀伊國屋書店、2010年
若林恵『さよなら未来』岩波書店、2018年
若林恵『NEXT GENERATION BANK』日本経済新聞社、2018年
若林恵『次世代ガバメント――小さくて大きい政府のつくり方』日本経済新聞社、2021年
若林恵『GDX――行政府における理念と実践』黒鳥社、2021年
若林恵『ファンダムエコノミー入門』黒鳥社、2022年

†日本社会

小熊英二『日本社会のしくみ――雇用・教育・福祉の歴史社会学』講談社現代新書、2019年
大沢真理『企業中心社会を超えて――現代日本を〈ジェンダー〉で読む』岩波現代文庫、2020年

文献案内

以下、本書執筆に際して参考にした文献と、本書の内容に深く関わる文献をあげ、読者のための文献案内としたい。

†本書の各章に関する文献

カズオ・イシグロ『日の名残り』ハヤカワepi文庫、2001年
マックス・ヴェーバー、大塚久雄訳『プロテスタンティズムの倫理と資本主義の精神』岩波文庫、1989年
マックス・ヴェーバー、脇圭平訳『職業としての政治家』岩波文庫、2020年
宇野重規『トクヴィル――平等と不平等の理論家』講談社学術文庫、2019年
宇野重規『〈私〉時代のデモクラシー』岩波新書、2010年
宇野重規『民主主義のつくり方』筑摩選書、2013年
宇野重規『保守主義とは何か』中公新書、2016年
宇野重規『民主主義とは何か』講談社現代新書、2020年
岡野八代『フェミニズムの政治学――ケアの倫理をグローバル社会へ』みすず書房、2012年
小川さやか『チョンキンマンションのボスは知っている――アングラ経済の人類学』春秋社、2019年
久保明教『「家庭料理」という戦場――暮らしはデザインできるか？』コトニ社、2020年
デイヴィッド・グレーバー、酒井隆史訳『官僚制のユートピア』以文社、2017年
坂井豊貴『多数決を疑う』岩波新書、2015年
ヘンリー・ジェンキンズ、渡部宏樹・北村紗衣・阿部康人訳『コンヴァージェンス・カルチャー』晶文社、2021年
田中絵里菜『K-POPはなぜ世界を熱くするのか』朝日出版社、2021年
津野海太郎『編集の提案』黒鳥社、2022年
ダニエル・デフォー、武田将明訳『ペストの記憶』研究者、2017年
トクヴィル、井伊玄太郎訳『アンシァン・レジームと革命』講談社学術文庫、1997年
トクヴィル、松本礼二訳『アメリカのデモクラシー　第1巻　上・下』岩波文庫、2005年
トクヴィル、松本礼二訳『アメリカのデモクラシー　第2巻　上・下』岩波文庫、2008年
スタンダール、小林正訳『赤と黒　上・下』新潮文庫、1957年
ユルゲン・ハーバーマス、細谷貞雄訳・山田正行訳『公共性の構造転換

宇野重規（うの・しげき）

1967年東京都生まれ．専門は，政治思想史，政治哲学．東京大学法学部卒業．同大学大学院法学政治学研究科博士課程修了．千葉大学法経学部助教授などを経て，東京大学社会科学研究所教授．著書『政治哲学へ』（東京大学出版会，渋沢・クローデル賞特別賞），『トクヴィル』（講談社学術文庫，サントリー学芸賞），『〈私〉時代のデモクラシー』（岩波新書），『民主主義のつくり方』（筑摩選書），『保守主義とは何か』（中公新書），『民主主義とは何か』（講談社現代新書，石橋湛山賞），『日本の保守とリベラル』（中公選書）など．

聞き手　若林 恵（わかばやし・けい）

1971年生まれ．平凡社『月刊太陽』編集部，『WIRED』日本版編集長を経て，2000年に独立．雑誌，書籍，展覧会の図録などを多数手がける．音楽ジャーナリストとしても活動．2018年，黒鳥社設立．著書『さよなら未来』（岩波書店），『次世代ガバメント』（日本経済新聞出版社），『GDX——行政府における理念と実践』（黒鳥社），『ファンダムエコノミー入門』（黒鳥社）など．

実験《じっけん》の民主主義《みんしゅしゅぎ》
中公新書 *2773*

2023年10月25日発行

著　者　宇野重規
発行者　安部順一

本文印刷　暁印刷
カバー印刷　大熊整美堂
製　本　小泉製本

発行所　中央公論新社
〒100-8152
東京都千代田区大手町1-7-1
電話　販売 03-5299-1730
　　　編集 03-5299-1830
URL https://www.chuko.co.jp/

Published by CHUOKORON-SHINSHA, INC.
Printed in Japan　ISBN978-4-12-102773-3 C1231

中公新書

哲学・思想

1 日本の名著（改版） 桑原武夫編
2187 物語 哲学の歴史 伊藤邦武
2378 保守主義とは何か 宇野重規
2522 リバタリアニズム 渡辺 靖
2591 白人ナショナリズム 渡辺 靖
2288 フランクフルト学派 細見和之
2300 フランス現代思想史 岡本裕一朗
832 外国人による日本論の名著 佐伯彰一・芳賀 徹編
1696 日本文化論の系譜 大久保喬樹
2097 江戸の思想史 田尻祐一郎
2276 本居宣長 田中康二
2458 折口信夫 植村和秀
2686 中国哲学史 中島隆博
1989 諸子百家 湯浅邦弘
36 荘 子 福永光司
1695 韓 非 子 冨谷 至
1120 中国思想を考える 金谷 治
2042 菜 根 譚 湯浅邦弘
2220 言語学の教室 西村義樹・野矢茂樹
1862 入門！論理学 野矢茂樹
448 詭弁論理学（改版） 野崎昭弘
593 逆説論理学 野崎昭弘
2757 J・S・ミル 関口正司
1939 ニーチェ ツァラトゥストラの謎 村井則夫
2594 マックス・ウェーバー 野口雅弘
2597 カール・シュミット 蔭山 宏
2257 ハンナ・アーレント 矢野久美子
2339 ロラン・バルト 石川美子
2674 ジョン・ロールズ 齋藤純一・田中将人
674 時間と自己 木村 敏
1829 空間の謎・時間の謎 内井惣七
814 科学的方法とは何か 浅田彰・黒田末寿・佐和隆光・長野敬・山口昌哉
2495 幸福とは何か 長谷川 宏
2505 正義とは何か 神島裕子
2203 集合知とは何か 西垣 通

中公新書

政治・法律

h1

125 法と社会　碧海純一
819 アメリカン・ロイヤーの誕生　阿川尚之
2347 代議制民主主義　待鳥聡史
2469 議院内閣制─変貌する英国モデル　高安健将
2631 現代民主主義　山本圭
1905 日本の統治構造　飯尾潤
2691 日本の国会議員　濱本真輔
2537 日本の地方政府　曽我謙悟
2558 日本の地方議会　辻陽
1687 日本の選挙　加藤秀治郎
2752 戦後日本政治史　境家史郎
1845 首相支配─日本政治の変貌　竹中治堅
2651 政界再編　山本健太郎
2428 自民党─「一強」の実像　中北浩爾
2695 日本共産党　中北浩爾

2233 民主党政権 失敗の検証　日本再建イニシアティブ
2101 国会議員の仕事　林芳正 津村啓介
2418 沖縄問題─リアリズムの視点から　高良倉吉編著
2439 入門 公共政策学　秋吉貴雄
2620 コロナ危機の政治　竹中治堅
2773 実験の民主主義　宇野重規

中公新書

政治・法律

h2